Propagand

Comment la désinformation, les fausses croyances et les théories du complot atteignent les esprits suspicieux et attaquent la démocratie avec des idées radicales.

Table des matières

Introduction

Propaganda est un livre sur la désinformation, les fausses croyances et les théories du complot.

Ce livre examine en profondeur la manière dont ces idées dangereuses sont diffusées et les effets qu'elles ont sur la société. Il propose également des moyens de se protéger de la propagande et de lutter contre ses effets néfastes.

Ces dernières années, l'explosion des médias sociaux a permis à la désinformation de se répandre comme une traînée de poudre. En un seul clic, les fausses croyances et les théories du complot peuvent être partagées avec des millions de personnes dans le monde. Et comme de plus en plus de personnes se tournent vers Internet pour s'informer, les méthodes traditionnelles de vérification des faits ne sont plus aussi efficaces pour combattre la désinformation. En conséquence, la propagande est devenue l'un des outils les plus puissants pour manipuler l'opinion publique.

Si certains peuvent affirmer que chacun a droit à ses propres opinions, la réalité est que lorsque ces opinions sont fondées sur de fausses informations, elles peuvent avoir des conséquences dangereuses. La désinformation peut amener les gens à prendre de mauvaises décisions, comme voter pour un candidat qui n'est pas dans leur intérêt ou refuser de faire vacciner leurs enfants. Elle peut également entraîner une panique et une violence de masse, comme nous l'avons vu lors du génocide rwandais.

Dans un monde où presque tout le monde peut publier ce qu'il veut en ligne, il est plus important que jamais d'être critique vis-à-vis des informations que nous consommons.

Ce livre est une lecture essentielle pour quiconque veut comprendre le monde dans lequel nous vivons aujourd'hui. Il offre un regard révélateur sur les dangers de la propagande et sur la façon dont elle peut être utilisée pour manipuler les gens et contrôler leur comportement.

Propagande

La propagande est une communication qui est principalement utilisée pour influencer ou persuader un public afin de faire avancer un programme, qui peut ne pas être objectif et peut présenter sélectivement des faits pour encourager une synthèse ou une perception particulière, ou utiliser un langage chargé pour produire une réponse émotionnelle plutôt que rationnelle à l'information qui est présentée. La propagande est présente dans l'information et le journalisme, le gouvernement, la publicité, le divertissement, l'éducation et l'activisme, et est souvent associée à des documents préparés par les gouvernements dans le cadre d'efforts de guerre, de campagnes politiques, de campagnes de santé, de révolutionnaires, de grandes entreprises, d'organisations ultra-religieuses, de médias et de certains individus tels que les "soapboxers".

Au XXe siècle, le terme anglais *propaganda* a souvent été associé à une approche manipulatrice, mais historiquement, la propagande est un terme descriptif neutre pour tout matériel qui promeut certaines opinions ou idéologies. Les termes équivalents non anglais ont également conservé en grande partie la connotation neutre d'origine.

Un large éventail de matériaux et de médias sont utilisés pour transmettre les messages de propagande, qui ont évolué au fur et à mesure de l'invention de nouvelles technologies, notamment des peintures, des caricatures, des affiches, des pamphlets, des films, des émissions de radio, des émissions de télévision et des sites web. Plus récemment, l'ère numérique a donné naissance à de nouveaux moyens de diffusion de la propagande, par exemple, des bots et des algorithmes sont actuellement utilisés pour créer de la propagande informatique et des nouvelles fausses ou biaisées et les diffuser sur les médias sociaux.

Étymologie

Propagande est un mot latin moderne, ablatif singulier féminin de la forme gérondive de *propagare*, signifiant "répandre" ou "propager", donc *propagande* signifie *pour ce qui doit être propagé*. À l'origine, ce mot provient d'un nouvel organe administratif de l'Église catholique (congrégation) créé en 1622 dans le cadre de la Contre-Réforme, appelé *Congregatio de Propaganda Fide* (*Congrégation pour la propagation de la foi*), ou plus simplement *Propaganda*. Son activité visait à "propager" la foi catholique dans les pays non catholiques.

À partir des années 1790, le terme commence à être utilisé également pour désigner la *propagande* dans les activités séculières. Le terme a commencé à prendre une connotation péjorative ou négative au milieu du XIXe siècle, lorsqu'il a été utilisé dans la sphère politique.

Définition

La propagande a été conceptualisée comme une forme d'influence destinée à créer un consensus social. Au XXe siècle, le terme de propagande est apparu en même temps que l'essor des médias de masse, notamment les journaux et la radio. Lorsque les chercheurs ont commencé à étudier les effets des médias, ils ont utilisé la théorie des suggestions pour expliquer comment les gens pouvaient être influencés par des messages persuasifs à forte résonance émotionnelle. Harold Lasswell a donné une définition large du terme "propagande", en l'écrivant comme suit : "l'expression d'opinions ou d'actions menées délibérément par des individus ou des groupes dans le but d'influencer les opinions ou les actions d'autres individus ou groupes à des fins prédéterminées et par le biais de manipulations psychologiques." Garth Jowett et Victoria O'Donnell théorisent que la propagande et la persuasion sont liées car les humains utilisent la communication comme une forme de soft power par le développement et la culture de matériel de propagande. Dans un débat littéraire avec Edward Bernays en 1929, Everett Dean Martin affirme que "la propagande fait de nous des marionnettes. Nous sommes mus par des ficelles cachées que le propagandiste manipule." Dans les années 1920 et 1930, la propagande est parfois décrite comme toute-puissante. Par exemple, Bernays reconnaissait dans son livre *Propaganda* que "La manipulation consciente et intelligente des habitudes et opinions organisées des masses est un élément important de la société démocratique. Ceux qui manipulent ce mécanisme invisible de la société constituent un gouvernement invisible qui est le véritable pouvoir dirigeant de notre pays. Nous sommes gouvernés, nos esprits sont modelés, nos goûts formés, nos idées suggérées, en grande partie par des hommes dont nous n'avons jamais entendu parler."

Histoire

Les formes primitives de propagande ont été une activité humaine aussi longtemps que des preuves fiables ont été enregistrées. L'inscription de Behistun (vers 515 avant J.-C.), qui détaille l'accession de Darius Ier au trône de Perse, est considérée par la plupart des historiens comme un exemple précoce de propagande. Un autre exemple frappant de propagande au cours de l'histoire antique est celui des dernières guerres civiles romaines (44-30 avant J.-C.) au cours desquelles Octave et Marc-Antoine se reprochaient mutuellement leurs origines obscures et dégradantes, leur cruauté, leur lâcheté, leur incompétence oratoire et littéraire, leurs débauches, leur luxe, leur ivrognerie et autres calomnies. Cette diffamation prenait la forme de l'*uituperatio* (genre rhétorique romain de l'invective) qui fut décisive pour façonner l'opinion publique romaine à cette époque. Un autre exemple précoce de propagande est celui de Gengis Khan. L'empereur envoyait certains de ses hommes en avant de son armée pour répandre des rumeurs chez l'ennemi. Dans la plupart des cas, son armée était en fait plus petite que celle de certains de ses adversaires.

L'empereur du Saint-Empire romain germanique Maximilien Ier a été le premier souverain à utiliser la puissance de la presse à imprimer à des fins de propagande, afin de construire son image, de susciter des sentiments patriotiques dans la population de son empire (il a été le premier souverain à utiliser des rapports de bataille unilatéraux - les premiers prédécesseurs des journaux modernes ou *neue zeitungen* - destinés à la masse) et à influencer la population de ses ennemis. La propagande pendant la Réforme, aidée par la diffusion de la presse à imprimer dans toute l'Europe, et en particulier en Allemagne, a fait que de nouvelles idées, pensées et doctrines ont été mises à la disposition du public d'une manière qui n'avait jamais été vue avant le 16e siècle. À l'époque de la Révolution américaine, les colonies américaines disposaient d'un réseau florissant de journaux et d'imprimeurs qui se spécialisaient sur le sujet au nom des Patriotes (et dans une moindre mesure au nom des Loyalistes). L'universitaire Barbara Diggs-Brown conçoit que les connotations négatives du terme "propagande" sont associées aux transformations sociales et politiques antérieures qui se sont produites pendant le mouvement de la période révolutionnaire française de 1789 à 1799, entre le début et le milieu du XIXe siècle, à une époque où le mot a commencé à être utilisé dans un contexte non clérical et politique.

La première propagation à grande échelle et organisée de la propagande gouvernementale a été provoquée par le déclenchement de la Première Guerre mondiale en 1914. Après la défaite de l'Allemagne, des responsables militaires tels que le général Erich Ludendorff ont suggéré que la propagande britannique avait contribué à leur défaite. Adolf Hitler s'est fait l'écho de cette opinion, estimant qu'elle avait été l'une des principales causes de l'effondrement du moral et des révoltes sur le front intérieur et dans la marine allemande en 1918 (voir également : Dolchstoßlegende). Dans *Mein Kampf* (1925), Hitler expose sa théorie de la propagande, qui constitue une base puissante pour son accession au pouvoir en 1933. L'historien Robert Ensor explique que "Hitler [...] ne met aucune limite à ce que peut faire la propagande ; les gens croiront n'importe quoi, pourvu qu'on le leur dise assez souvent et avec assez d'insistance, et que les contradicteurs soient réduits au silence ou étouffés par la calomnie". C'est ce qui s'est passé en Allemagne et l'armée a rendu difficile l'entrée d'une autre propagande. La plupart de la propagande dans l'Allemagne nazie était produite par le ministère de l'Instruction publique et de la Propagande sous la direction de Joseph Goebbels. Goebbels mentionne la propagande comme un moyen de voir à travers les masses. Des symboles sont utilisés pour la propagande, tels que la justice, la liberté et la dévotion à son pays. Pendant la Seconde Guerre mondiale, Goebbels et le Political Warfare Executive britannique, ainsi que l'Office of War Information des États-Unis, ont continué à utiliser la propagande comme arme de guerre, en s'appuyant sur l'expérience de la Première Guerre mondiale.

Au début du 20e siècle, l'invention des images animées (comme dans les films, les diafilms) a donné aux créateurs de propagande un outil puissant pour faire avancer les intérêts politiques et militaires lorsqu'il s'agit de toucher un large segment de la population et de créer un consentement ou d'encourager le rejet de l'ennemi réel ou imaginaire. Dans les années qui ont suivi la révolution d'octobre 1917, le gouvernement soviétique a parrainé l'industrie cinématographique russe dans le but de réaliser des films de propagande (par exemple, le film de 1925 *Le cuirassé Potemkine* glorifie les idéaux communistes). Au cours de la Seconde Guerre mondiale, les réalisateurs nazis ont produit des films très émouvants afin de susciter un soutien populaire pour l'occupation des Sudètes et l'attaque de la Pologne. Les années 1930 et 1940, qui ont vu la montée des États totalitaires et la Seconde Guerre mondiale, constituent sans doute "l'âge d'or de la propagande". Leni Riefenstahl, une cinéaste travaillant dans l'Allemagne nazie, a créé l'un des films de propagande les plus connus, *Le Triomphe de la volonté*. En 1942, la chanson de propagande *Niet Molotoff* a été réalisée en Finlande pendant la guerre de Continuation, se moquant de l'échec de l'Armée rouge dans la guerre d'hiver, faisant référence au nom de la chanson au ministre soviétique des Affaires étrangères, Viatcheslav Molotov. Aux États-Unis, l'animation devient populaire, notamment pour conquérir un public jeune et contribuer à l'effort de guerre américain, par exemple, *Der Fuehrer's Face* (1942), qui ridiculise Hitler et prône la valeur de la liberté. Certains films de guerre américains du début des années 1940 étaient destinés à créer un état d'esprit patriotique et à convaincre les spectateurs que des sacrifices devaient être faits pour vaincre les puissances de l'Axe. D'autres étaient destinés à aider les Américains à comprendre leurs alliés en général, comme dans des films tels que *Know Your Ally : Britain* and *Our Greek Allies*. En dehors de ses films de guerre, Hollywood a contribué à remonter le moral des Américains dans un film destiné à montrer comment les stars de la scène et de l'écran restées sur le front intérieur faisaient leur part non seulement dans leur travail, mais aussi dans leur compréhension du fait que divers peuples travaillaient ensemble contre la menace de l'Axe : *Stage Door Canteen* (1943) présente une séquence destinée à dissiper la méfiance des Américains à l'égard des Soviétiques, et une autre à dissiper leur bigoterie à l'égard des Chinois. Des cinéastes polonais installés en Grande-Bretagne ont créé le film couleur antinazi *Calling Mr. Smith* (1943) sur les crimes nazis dans l'Europe occupée par les Allemands et sur les mensonges de la propagande nazie.

L'Occident et l'Union soviétique ont tous deux fait un usage intensif de la propagande pendant la guerre froide. Les deux parties ont utilisé des films, des émissions de télévision et de radio pour influencer leurs propres citoyens, leurs homologues et les nations du tiers monde. Par le biais d'une organisation de façade appelée Bedford Publishing Company, la CIA, par l'intermédiaire d'un département secret appelé Office of Policy Coordination, a diffusé plus d'un million de livres aux lecteurs soviétiques en l'espace de 15 ans, dont des romans de George Orwell, Albert Camus, Vladimir Nabakov, James Joyce et Pasternak, dans le but de promouvoir le sentiment anticommuniste et la sympathie pour les valeurs occidentales. Les romans contemporains de George Orwell, *Animal Farm* et *Nineteen Eighty-Four,* décrivent l'utilisation de la propagande dans des sociétés dystopiques fictives. Pendant la révolution cubaine, Fidel Castro a souligné l'importance de la propagande. La propagande a été largement utilisée par les forces communistes lors de la guerre du Vietnam pour contrôler l'opinion des gens.

Pendant les guerres de Yougoslavie, la propagande a été utilisée comme stratégie militaire par les gouvernements de la République fédérale de Yougoslavie et de la Croatie. La propagande a été utilisée pour susciter la peur et la haine, et notamment pour inciter la population serbe à s'opposer aux autres ethnies (Bosniaques, Croates, Albanais et autres non-Serbes). Les médias serbes ont fait de gros efforts pour justifier, réviser ou nier les crimes de guerre de masse commis par les forces serbes pendant ces guerres.

Perceptions du public

Au début du XXe siècle, les fondateurs de l'industrie naissante des relations publiques utilisaient le terme "propagande" pour désigner leurs collaborateurs. Traduit littéralement du gérondif latin par "choses qui doivent être diffusées", le terme est neutre, voire positif, dans certaines cultures, tandis que dans d'autres, il a acquis une forte connotation négative. Les connotations du terme "propagande" peuvent également varier dans le temps. Par exemple, dans les pays de langue portugaise et dans certains pays de langue espagnole, en particulier dans le Cône Sud, le mot "propagande" fait généralement référence au média de manipulation le plus courant, la "publicité".

En anglais, la *propagande* était à l'origine un terme neutre désignant la diffusion d'informations en faveur d'une cause donnée. Au cours du XXe siècle, cependant, le terme a acquis un sens profondément négatif dans les pays occidentaux, représentant la diffusion intentionnelle d'affirmations souvent fausses, mais certainement "convaincantes", pour soutenir ou justifier des actions politiques ou des idéologies. Selon Harold Lasswell, le terme a commencé à tomber en disgrâce en raison de la méfiance croissante du public à l'égard de la propagande, suite à son utilisation pendant la Première Guerre mondiale par le comité Creel aux États-Unis et le ministère de l'Information en Grande-Bretagne : En 1928, Lasswell observait : "Dans les pays démocratiques, le bureau officiel de la propagande était considéré avec une réelle inquiétude, de peur qu'il ne soit corrompu à des fins partisanes ou personnelles. Le tollé suscité aux États-Unis par le célèbre Bureau of Public Information (ou 'Inflammation') de M. Creel a contribué à faire entrer dans l'esprit du public le fait que la propagande existait. ... La découverte de la propagande par le public a donné lieu à de nombreuses lamentations à son sujet. La propagande est devenue un épithète de mépris et de haine, et les propagandistes ont cherché une coloration protectrice dans des noms tels que "conseil des relations publiques", "spécialiste de l'éducation publique", "conseiller en relations publiques". En 1949, le professeur de sciences politiques Dayton David McKean écrivait : "Après la Première Guerre mondiale, le mot a commencé à s'appliquer à "ce que vous n'aimez pas dans la publicité de l'autre", comme l'a dit Edward L. Bernays....".

Contestation

Le terme est essentiellement contesté et certains ont plaidé pour une définition neutre, arguant que l'éthique dépend de l'intention et du contexte, tandis que d'autres le définissent comme nécessairement non éthique et négatif. Emma Briant la définit comme "la manipulation délibérée de représentations (y compris le texte, les images, la vidéo, le discours, etc.) dans l'intention de produire tout effet chez l'auditoire (par exemple, action ou inaction ; renforcement ou transformation de sentiments, d'idées, d'attitudes ou de comportements) qui est souhaité par le propagandiste". Le même auteur explique l'importance d'une terminologie cohérente à travers l'histoire, d'autant plus que des synonymes euphémiques contemporains sont utilisés dans les efforts continus des gouvernements pour donner une nouvelle image à leurs opérations telles que le "soutien à l'information" et la communication stratégique. D'autres chercheurs voient également des avantages à reconnaître que la propagande peut être interprétée comme bénéfique ou nuisible, en fonction de l'expéditeur du message, du public cible, du message et du contexte.

David Goodman soutient que la "Convention sur l'utilisation de la radiodiffusion dans l'intérêt de la paix" de la Société des Nations de 1936 a tenté de créer les normes d'une sphère publique internationale libérale. La Convention encourageait les émissions radio empathiques et de bon voisinage à destination des autres nations. Elle a appelé la Ligue à interdire les émissions internationales contenant des discours hostiles et de fausses déclarations. Elle tentait de définir la ligne de démarcation entre les politiques libérales et illibérales en matière de communications et soulignait les dangers du chauvinisme nationaliste. Avec l'Allemagne nazie et la Russie soviétique actives à la radio, ses objectifs libéraux ont été ignorés, tandis que les défenseurs de la liberté d'expression ont averti que le code représentait des restrictions à la liberté d'expression.

Types

L'identification de la propagande a toujours été un problème. Les principales difficultés ont consisté à différencier la propagande des autres types de persuasion et à éviter une approche biaisée. Richard Alan Nelson propose une définition du terme : "La propagande est définie de manière neutre comme une forme systématique de persuasion intentionnelle qui tente d'influencer les émotions, les attitudes, les opinions et les actions de publics cibles spécifiés à des fins idéologiques, politiques ou commerciales par la transmission contrôlée de messages unilatéraux (qui peuvent être factuels ou non) via les canaux des médias de masse et directs." La définition se concentre sur le processus de communication impliqué - ou plus précisément, sur l'objectif du processus, et permet à la "propagande" d'être interprétée comme un comportement positif ou négatif selon la perspective du spectateur ou de l'auditeur.

La propagande peut souvent être reconnue par les stratégies rhétoriques utilisées dans sa conception. Dans les années 1930, l'Institute for Propaganda Analysis a identifié une variété de techniques de propagande couramment utilisées dans les journaux et à la radio, qui étaient les médias de masse de l'époque. Parmi les techniques de propagande, on peut citer le "name calling" (utilisation d'étiquettes désobligeantes), le "bandwagon" (expression de l'attrait social d'un message) ou les "généralités brillantes" (utilisation d'un langage positif mais imprécis). Avec l'essor d'Internet et des médias sociaux, Renee Hobbs a identifié quatre caractéristiques de conception de nombreuses formes de propagande contemporaine : (1) elle active des émotions fortes ; (2) elle simplifie l'information ; (3) elle fait appel aux espoirs, aux craintes et aux rêves d'un public ciblé ; et (4) elle attaque les opposants.

La propagande est parfois évaluée en fonction de l'intention et des objectifs de l'individu ou de l'institution qui l'a créée. Selon l'historien Zbyněk Zeman, la propagande est définie comme étant soit blanche, grise ou noire. La propagande blanche dévoile ouvertement sa source et son intention. La propagande grise a une source ou une intention ambiguë ou non divulguée. La propagande noire prétend être publiée par l'ennemi ou une organisation autre que celle dont elle émane réellement (à comparer avec l'opération noire, un type d'opération clandestine dans laquelle l'identité du gouvernement commanditaire est cachée). À l'échelle, ces différents types de propagande peuvent également être définis par le potentiel d'une information vraie et correcte à concurrencer la propagande. Par exemple, l'opposition à la propagande blanche est souvent facile à trouver et peut légèrement discréditer la source de la propagande. L'opposition à la propagande grise, lorsqu'elle est révélée (souvent par une source interne), peut créer un certain niveau d'indignation publique. L'opposition à la propagande noire est souvent indisponible et il peut être dangereux de la révéler, car la connaissance par le public des tactiques et des sources de la propagande noire pourrait saper ou faire échouer la campagne même soutenue par le propagandiste noir.

Le propagandiste cherche à modifier la façon dont les gens comprennent une question ou une situation dans le but de modifier leurs actions et leurs attentes dans un sens qui soit souhaitable pour le groupe d'intérêt. La propagande, en ce sens, est le corollaire de la censure, dans laquelle le même objectif est atteint, non pas en remplissant l'esprit des gens d'informations approuvées, mais en les empêchant d'être confrontés à des points de vue opposés. Ce qui distingue la propagande des autres formes de défense des intérêts, c'est la volonté du propagandiste de modifier la compréhension des gens par la tromperie et la confusion plutôt que par la persuasion et la compréhension. Les dirigeants d'une organisation savent que l'information est unilatérale ou fausse, mais ce n'est pas forcément le cas des membres de la base qui aident à diffuser la propagande.

Religieux

La propagande a souvent été utilisée pour influencer les opinions et les croyances sur les questions religieuses, notamment lors de la scission entre l'Église catholique romaine et les Églises protestantes.

Plus conforme aux racines religieuses du terme, la propagande est également largement utilisée dans les débats sur les nouveaux mouvements religieux (MNR), tant par ceux qui les défendent que par ceux qui s'y opposent. Ces derniers qualifient péjorativement ces MNR de sectes. Les militants anti-sectes et les militants chrétiens contre les sectes accusent les dirigeants de ce qu'ils considèrent comme des sectes d'utiliser abondamment la propagande pour recruter des adeptes et les garder. Certains spécialistes des sciences sociales, comme le regretté Jeffrey Hadden, et les chercheurs affiliés au CESNUR accusent les ex-membres des "sectes" et le mouvement anti-sectes de donner une mauvaise image de ces mouvements religieux inhabituels sans raison suffisante.

Temps de guerre

Lors de la guerre du Péloponnèse, les Athéniens ont exploité les personnages des récits de Troie ainsi que d'autres images mythiques pour susciter des sentiments contre Sparte. Par exemple, Hélène de Troie était même dépeinte comme une Athénienne, dont la mère Némésis vengerait Troie Pendant les guerres puniques, de vastes campagnes de propagande ont été menées par les deux camps. Pour dissoudre le système romain des socii et les poleis grecques, Hannibal libéra sans conditions les prisonniers latins qu'il avait traités généreusement dans leurs villes natales, où ils contribuèrent à diffuser sa propagande. De leur côté, les Romains s'efforcent de dépeindre Hannibal comme une personne dépourvue d'humanité et qui perdrait bientôt la faveur des dieux. Dans le même temps, sous la direction de Q.Fabius Maximus, ils organisent des rituels religieux élaborés pour protéger le moral des Romains.

Au début du XVIe siècle, Maximilien Ier a inventé un type de guerre psychologique visant les ennemis. Pendant sa guerre contre Venise, il a attaché des pamphlets à des ballons que ses archers descendaient. Le contenu parlait de liberté et d'égalité et incitait la population à se rebeller contre les tyrans (leur Signoria).

L'utilisation du mot "propagande" après la Seconde Guerre mondiale fait plus généralement référence aux utilisations politiques ou nationalistes de ces techniques ou à la promotion d'un ensemble d'idées.

La propagande est une arme puissante en temps de guerre ; dans certains cas, elle est utilisée pour déshumaniser et susciter la haine envers un ennemi supposé, intérieur ou extérieur, en créant une fausse image dans l'esprit des soldats et des citoyens. Cela peut se faire en utilisant des termes dérogatoires ou racistes (par exemple, les termes racistes "Jap" et "gook" utilisés respectivement pendant la Seconde Guerre mondiale et la guerre du Viêt Nam), en évitant certains mots ou certaines expressions ou en faisant des allégations d'atrocités commises par l'ennemi. L'objectif était de démoraliser l'adversaire en lui faisant croire que ce qui était projeté était réellement vrai. La plupart des efforts de propagande en temps de guerre exigent que la population locale ait le sentiment que l'ennemi lui a infligé une injustice, qui peut être fictive ou fondée sur des faits (par exemple, le naufrage du navire de passagers RMS Lusitania par la marine allemande pendant la Première Guerre mondiale). La population locale doit également croire que la cause de sa nation dans la guerre est juste.

Dans ces efforts, il a été difficile de déterminer avec précision l'impact réel de la propagande sur la guerre. Dans la doctrine de l'OTAN, la propagande est définie comme "une information, en particulier de nature tendancieuse ou trompeuse, utilisée pour promouvoir une cause ou un point de vue politique". Dans cette perspective, les informations fournies ne doivent pas nécessairement être fausses mais doivent au contraire être pertinentes pour les objectifs spécifiques de l'"acteur" ou du "système" qui les réalise.

La propagande est également l'une des méthodes utilisées dans la guerre psychologique, qui peut également impliquer des opérations sous faux drapeau dans lesquelles l'identité des agents est présentée comme celle d'une nation ennemie (par exemple, l'invasion de la baie des Cochons a utilisé des avions de la CIA peints aux couleurs de l'armée de l'air cubaine). Le terme de propagande peut également désigner de fausses informations destinées à renforcer l'état d'esprit de personnes qui croient déjà ce que le propagandiste souhaite (par exemple, pendant la Première Guerre mondiale, le principal objectif de la propagande britannique était d'encourager les hommes à s'engager dans l'armée et les femmes à travailler dans l'industrie du pays. Les affiches de propagande étaient utilisées parce que les radios et les télévisions n'étaient pas très répandues à cette époque). L'hypothèse est que, si les gens croient quelque chose de faux, ils seront constamment assaillis de doutes. Comme ces doutes sont désagréables (voir dissonance cognitive), les gens seront désireux de les faire disparaître, et sont donc réceptifs aux assurances des personnes au pouvoir. C'est pourquoi la propagande s'adresse souvent à des personnes qui sont déjà favorables au programme ou aux opinions présentées. Ce processus de renforcement utilise la prédisposition d'un individu à sélectionner lui-même des sources d'information "agréables" comme un mécanisme permettant de maintenir le contrôle sur les populations.

La propagande peut être administrée de manière insidieuse. Par exemple, la désinformation dénigrante sur l'histoire de certains groupes ou pays étrangers peut être encouragée ou tolérée dans le système éducatif. Étant donné que peu de gens vérifient ce qu'ils apprennent à l'école, cette désinformation sera répétée par les journalistes et les parents, ce qui renforcera l'idée que l'élément de désinformation est en réalité un "fait bien connu", même si aucune personne répétant le mythe n'est capable de citer une source faisant autorité. La désinformation est ensuite recyclée dans les médias et dans le système éducatif, sans qu'il soit nécessaire que les gouvernements interviennent directement dans les médias. Cette propagande omniprésente peut être utilisée à des fins politiques : en donnant aux citoyens une fausse impression de la qualité ou des politiques de leur pays, ils peuvent être incités à rejeter certaines propositions ou certains propos ou à ignorer l'expérience des autres.

En Union soviétique, pendant la Seconde Guerre mondiale, la propagande destinée à encourager les civils était contrôlée par Staline, qui insistait sur un style lourd que les publics éduqués voyaient facilement comme inauthentique. En revanche, les rumeurs officieuses sur les atrocités commises par les Allemands étaient fondées et convaincantes. Staline est un Géorgien qui parle russe avec un fort accent. Cela ne convenait pas à un héros national et, à partir des années 1930, tous les nouveaux portraits visuels de Staline ont été retouchés pour effacer ses caractéristiques faciales géorgiennes et en faire un héros soviétique plus généralisé. Seuls ses yeux et sa célèbre moustache sont restés inchangés. Zhores Medvedev et Roy Medvedev affirment que sa "nouvelle image majestueuse a été conçue de manière appropriée pour dépeindre le leader de tous les temps et de tous les peuples."

L'article 20 du Pacte international relatif aux droits civils et politiques interdit toute propagande en faveur de la guerre ainsi que tout appel à la haine nationale ou religieuse qui constitue une incitation à la discrimination, à l'hostilité ou à la violence par la loi.

Naturellement, les gens du peuple ne veulent pas la guerre ; ni en Russie, ni en Angleterre, ni en Amérique, ni d'ailleurs en Allemagne. C'est entendu. Mais, après tout, ce sont les dirigeants du pays qui déterminent la politique et il est toujours facile d'entraîner le peuple, qu'il s'agisse d'une démocratie ou d'une dictature fasciste, d'un Parlement ou d'une dictature communiste. Il est toujours possible d'amener le peuple à se plier aux exigences des dirigeants. C'est facile. Il suffit de leur dire qu'ils sont attaqués et de dénoncer les pacifistes pour leur manque de patriotisme et le danger qu'ils font courir au pays. Cela fonctionne de la même manière dans n'importe quel pays.

Pour faire simple, le pacte ne définit pas spécifiquement le contenu de la propagande. En termes simples, un acte de propagande, s'il est utilisé en réponse à un acte de guerre, n'est pas interdit.

Publicité

La propagande partage des techniques avec la publicité et les relations publiques, chacune d'entre elles pouvant être considérée comme une propagande visant à promouvoir un produit commercial ou à façonner la perception d'une organisation, d'une personne ou d'une marque. Par exemple, après avoir revendiqué la victoire lors de la guerre du Liban en 2006, le Hezbollah a fait campagne pour accroître sa popularité auprès des Arabes en organisant des rassemblements de masse au cours desquels Hassan Nasrallah, le chef du Hezbollah, combinait des éléments du dialecte local et de l'arabe classique pour atteindre des publics en dehors du Liban. Des bannières et des panneaux d'affichage ont été commandés pour commémorer la guerre, ainsi que divers articles de merchandising portant le logo du Hezbollah, la couleur du drapeau (jaune) et des images de Nasrallah. Des t-shirts, des casquettes de baseball et d'autres souvenirs de guerre ont été commercialisés pour tous les âges. L'uniformité du message a contribué à définir la marque du Hezbollah.

Selon la théorie journalistique, les articles d'actualité doivent être objectifs et donner au lecteur un contexte et une analyse précis du sujet traité. D'un autre côté, les publicités ont évolué à partir des annonces commerciales traditionnelles pour inclure également un nouveau type sous la forme d'articles ou d'émissions payants déguisés en nouvelles. Celles-ci présentent généralement un sujet sous un jour très subjectif et souvent trompeur, dans le but premier de persuader plutôt que d'informer. Normalement, ils n'utilisent que des techniques de propagande subtiles et non les techniques plus évidentes utilisées dans les publicités commerciales traditionnelles. Si le lecteur croit qu'une publicité payante est en fait un article d'actualité, le message que l'annonceur tente de communiquer sera plus facilement "cru" ou "intériorisé". Ces publicités sont considérées comme des exemples évidents de propagande "secrète" car elles prennent l'apparence d'une information objective plutôt que celle d'une propagande, ce qui est trompeur. La loi fédérale impose spécifiquement que toute publicité apparaissant sous la forme d'un article d'actualité doit indiquer qu'il s'agit en fait d'une publicité payante.

Edmund McGarry illustre le fait que la publicité ne se limite pas à vendre à un public, mais qu'il s'agit d'un type de propagande qui tente de persuader le public et dont le jugement ne doit pas être équilibré.

Politique

La propagande est devenue plus courante dans les contextes politiques, en particulier pour désigner certains efforts parrainés par des gouvernements, des groupes politiques, mais aussi souvent des intérêts secrets. Au début du XXe siècle, la propagande était illustrée par les slogans des partis. La propagande a également beaucoup de points communs avec les campagnes d'information publique menées par les gouvernements, qui visent à encourager ou à décourager certains comportements (comme le port de la ceinture de sécurité, le fait de ne pas fumer, de ne pas jeter de détritus, etc.) Là encore, l'accent est plus politique dans la propagande. La propagande peut prendre la forme de tracts, d'affiches, d'émissions télévisées et radiophoniques et peut également s'étendre à tout autre support. Dans le cas des États-Unis, il existe également une importante distinction juridique (imposée par la loi) entre la publicité (un type de propagande ouverte) et ce que le Government Accountability Office (GAO), un organe du Congrès américain, appelle la "propagande secrète".

Roderick Hindery soutient que la propagande existe à gauche, à droite et dans les partis centristes traditionnels. Il ajoute que les débats sur la plupart des questions sociales peuvent être revus de manière productive dans le contexte de la question "qu'est-ce qui est ou n'est pas de la propagande ?". Il ne faut pas négliger le lien entre la propagande, l'endoctrinement et le terrorisme/contre-terrorisme. Il fait valoir que les menaces de destruction sont souvent aussi perturbatrices sur le plan social que la dévastation physique elle-même.

Depuis le 11 septembre et l'apparition d'une plus grande fluidité des médias, les institutions, les pratiques et les cadres juridiques de la propagande ont évolué aux États-Unis et en Grande-Bretagne. Briant montre comment cette évolution s'est traduite par l'expansion et l'intégration de l'appareil intergouvernemental et détaille les tentatives de coordination des formes de propagande pour les publics étrangers et nationaux, avec de nouveaux efforts en matière de communication stratégique. Ces efforts ont été contestés au sein du gouvernement américain, par les Affaires publiques du Pentagone et critiqués par certains spécialistes. La loi sur l'autorisation de la défense nationale pour l'année fiscale 2013 (section 1078 (a)) a modifié la loi américaine sur l'échange d'informations et d'éducation de 1948 (populairement appelée la loi Smith-Mundt) et la loi sur l'autorisation des relations étrangères de 1987, permettant aux documents produits par le département d'État et le Broadcasting Board of Governors (BBG) d'être diffusés à l'intérieur des frontières américaines pour l'archiviste des États-Unis. La loi Smith-Mundt, telle qu'amendée, prévoyait que "le Secrétaire et le Broadcasting Board of Governors mettront à la disposition de l'Archiviste des États-Unis, pour une distribution nationale, des films, des bandes vidéo et d'autres matériels 12 ans après la diffusion initiale du matériel à l'étranger (...).Rien dans cette section ne doit être interprété comme interdisant au Département d'État ou au Broadcasting Board of Governors de s'engager dans tout moyen ou forme de communication, directement ou indirectement, parce qu'un public américain est ou peut être exposé au matériel du programme, ou sur la base d'une présomption d'une telle exposition." L'adoption de cette loi a suscité des inquiétudes dans l'opinion publique en raison de l'assouplissement des interdictions de la propagande nationale aux États-Unis.

Dans la foulée, l'internet est devenu une méthode prolifique de diffusion de la propagande politique, bénéficiant d'une évolution du codage appelée bots. Les agents logiciels ou bots peuvent être utilisés pour de nombreuses choses, notamment pour peupler les médias sociaux de messages et de posts automatisés plus ou moins sophistiqués. Lors de l'élection américaine de 2016, une cyber-stratégie a été mise en œuvre en utilisant des bots pour diriger les électeurs américains vers des sources d'informations et de nouvelles politiques russes, et pour diffuser des rumeurs et des fausses nouvelles à caractère politique. À ce stade, il est considéré comme une stratégie politique contemporaine banale dans le monde entier de mettre en œuvre des bots pour atteindre des objectifs politiques.

Techniques

Les médias courants pour transmettre des messages de propagande comprennent les bulletins d'information, les rapports gouvernementaux, les révisions historiques, la science de pacotille, les livres, les brochures, les films, la radio, la télévision et les affiches. Certaines campagnes de propagande suivent un schéma de transmission stratégique pour endoctriner le groupe cible. Cela peut commencer par une transmission simple, comme un dépliant ou une publicité largués d'un avion ou d'une annonce. En général, ces messages contiendront des indications sur la manière d'obtenir davantage d'informations, via un site web, une ligne d'assistance téléphonique, une émission de radio, etc. (comme on le voit également à des fins de vente parmi d'autres objectifs). La stratégie vise à faire passer l'individu du statut de destinataire de l'information à celui de chercheur d'information par le renforcement, puis de chercheur d'information à celui de leader d'opinion par l'endoctrinement.

Un certain nombre de techniques basées sur la recherche en psychologie sociale sont utilisées pour générer de la propagande. Un grand nombre de ces mêmes techniques se retrouvent sous la rubrique des sophismes logiques, puisque les propagandistes utilisent des arguments qui, bien que parfois convaincants, ne sont pas nécessairement valables.

Un certain temps a été consacré à l'analyse des moyens par lesquels les messages de propagande sont transmis. Ce travail est important, mais il est clair que les stratégies de diffusion de l'information ne deviennent des stratégies de propagande que lorsqu'elles sont associées à des *messages de propagande*. L'identification de ces messages est un préalable nécessaire à l'étude des méthodes par lesquelles ces messages sont diffusés.

La propagande peut également être retournée contre ses auteurs. Par exemple, les timbres-poste ont souvent été des outils de publicité gouvernementale, comme les nombreuses émissions de la Corée du Nord. La présence de Staline sur de nombreux timbres soviétiques en est un autre exemple. Dans l'Allemagne nazie, Hitler apparaissait fréquemment sur les timbres postaux en Allemagne et dans certains pays occupés. Un programme britannique visant à parodier ces timbres, ainsi que d'autres timbres d'inspiration nazie, consistait à les parachuter en Allemagne sur des lettres contenant de la littérature antinazie.

En 2018, un scandale a éclaté dans lequel la journaliste Carole Cadwalladr, plusieurs lanceurs d'alerte et l'universitaire Dr Emma Briant ont révélé des avancées dans les techniques de propagande numérique montrant que les techniques de renseignement humain en ligne utilisées dans la guerre psychologique avaient été couplées avec le profilage psychologique en utilisant des données de médias sociaux obtenues illégalement pour les campagnes politiques aux États-Unis en 2016 pour aider Donald Trump par la firme Cambridge Analytica. L'entreprise a d'abord nié avoir enfreint les lois mais a ensuite admis avoir enfreint la loi britannique, le scandale provoquant un débat mondial sur l'utilisation acceptable des données à des fins de propagande et d'influence.

Modèles

La persuasion en psychologie sociale

Le domaine de la psychologie sociale comprend l'étude de la persuasion. Les psychologues sociaux peuvent être des sociologues ou des psychologues. Ce domaine comprend de nombreuses théories et approches pour comprendre la persuasion. Par exemple, la théorie de la communication souligne que les gens peuvent être persuadés par la crédibilité, l'expertise, la fiabilité et l'attrait du communicateur. Le modèle de la probabilité d'élaboration, ainsi que les modèles heuristiques de la persuasion, suggèrent qu'un certain nombre de facteurs (par exemple, le degré d'intérêt du destinataire de la communication), influencent le degré auquel les gens se laissent persuader par des facteurs superficiels. Le psychologue Herbert A. Simon a reçu le prix Nobel pour sa théorie selon laquelle les gens sont des trompeurs cognitifs. En d'autres termes, dans une société d'information de masse, les gens sont contraints de prendre des décisions rapidement et souvent de manière superficielle, par opposition à la logique.

Selon l'article de William W. Biddle de 1931 intitulé "A psychological definition of propaganda", "[l]es quatre principes suivis en propagande sont les suivants : (1) s'appuyer sur les émotions, ne jamais argumenter ; (2) inscrire la propagande dans le schéma du "nous" contre un "ennemi" ; (3) atteindre des groupes ainsi que des individus ; (4) cacher le propagandiste autant que possible."

Plus récemment, les études issues des sciences comportementales sont devenues importantes pour comprendre et planifier les campagnes de propagande, notamment la théorie du "nudge", utilisée par la campagne d'Obama en 2008 puis adoptée par l'équipe Behavioural Insights du gouvernement britannique. Les méthodologies comportementales ont ensuite fait l'objet d'une grande controverse en 2016 après qu'il a été révélé que la société Cambridge Analytica les avait appliquées à des millions de personnes dont les données Facebook avaient été violées afin de les encourager à voter pour Donald Trump.

Haifeng Huang affirme que la propagande n'a pas toujours pour but de convaincre la population de son message (elle peut même échouer), mais qu'elle peut aussi fonctionner comme un moyen d'intimider les citoyens et de signaler la force du régime et sa capacité à maintenir son contrôle et son pouvoir sur la société ; en investissant des ressources importantes dans la propagande, le régime peut avertir ses citoyens de sa force et les dissuader de tenter de le défier.

Théorie de la propagande et éducation

Au cours des années 1930, les éducateurs des États-Unis et du monde entier se sont inquiétés de la montée de l'antisémitisme et d'autres formes d'extrémisme violent. L'Institute for Propaganda Analysis a été créé pour mettre en place des méthodes d'enseignement à l'intention des lycéens et des étudiants, afin d'aider les apprenants à reconnaître et à désamorcer la propagande en identifiant les techniques de persuasion. Ce travail s'est appuyé sur la rhétorique classique et s'est nourri de la théorie de la suggestion et des études scientifiques sociales sur la propagande et la persuasion. Dans les années 1950, la théorie de la propagande et de l'éducation a examiné la montée de la culture de consommation américaine, et ce travail a été popularisé par Vance Packard dans son livre de 1957, *The Hidden Persuaders.* L'ouvrage de référence du théologien européen Jacques Ellul, *Propaganda : The Formation of Men's Attitudes,* le théologien européen Jacques Ellul a mis la propagande en relation avec des thèmes plus larges concernant la relation entre l'homme et la technologie. Selon lui, les messages médiatiques ne servent pas à éclairer ou à inspirer. Ils ne font qu'accabler en suscitant des émotions et en simplifiant à l'extrême les idées, limitant ainsi le raisonnement et le jugement humains.

Dans les années 1980, les universitaires ont reconnu que les informations et le journalisme pouvaient fonctionner comme de la propagande lorsque les intérêts des entreprises et des gouvernements étaient amplifiés par les médias de masse. Le modèle de propagande est une théorie avancée par Edward S. Herman et Noam Chomsky, qui affirme qu'il existe des biais systémiques dans les médias de masse qui sont façonnés par des causes économiques structurelles. Elle soutient que la manière dont les institutions médiatiques commerciales sont structurées et fonctionnent (par exemple, par le biais des revenus publicitaires, de la concentration de la propriété des médias ou de l'accès aux sources) crée un conflit d'intérêts inhérent qui les fait agir comme une propagande pour de puissants intérêts politiques et commerciaux :

Le 20e siècle a été caractérisé par trois développements d'une grande importance politique : la croissance de la démocratie, la croissance du pouvoir des entreprises et la croissance de la propagande des entreprises comme moyen de protéger le pouvoir des entreprises contre la démocratie.

Présenté pour la première fois dans leur livre *Manufacturing Consent : The Political Economy of the Mass Media* (1988), le modèle de propagande analyse les médias commerciaux de masse comme des entreprises qui vendent un produit - l'accès aux lecteurs et aux audiences - à d'autres entreprises (annonceurs) et qui bénéficient d'un accès aux informations provenant de sources gouvernementales et d'entreprises pour produire leur contenu. La théorie postule cinq catégories générales de "filtres" qui façonnent le contenu présenté dans les médias d'information : la propriété du média, la dépendance à l'égard des recettes publicitaires, l'accès aux sources d'information, la menace de litige et de contrecoup commercial (flak), ainsi que l'anticommunisme et l'"idéologie de la peur". Les trois premiers (propriété, financement et sources) sont généralement considérés par les auteurs comme étant les plus importants. Bien que le modèle ait été basé principalement sur la caractérisation des médias américains, Chomsky et Herman estiment que la théorie est également applicable à tout pays partageant la même structure politique et économique de base, et le modèle a ensuite été appliqué par d'autres chercheurs pour étudier la partialité des médias dans d'autres pays.

Dans les années 1990, le thème de la propagande ne faisait plus partie de l'enseignement public, ayant été relégué à une matière spécialisée. Les professeurs d'anglais du secondaire ont commencé à craindre l'étude des genres de propagande, choisissant de se concentrer sur l'argumentation et le raisonnement plutôt que sur les formes de propagande hautement émotionnelles que l'on trouve dans la publicité et les campagnes politiques. En 2015, la Commission européenne a financé Mind Over Media, une plateforme d'apprentissage numérique pour l'enseignement et l'apprentissage de la propagande contemporaine. L'étude de la propagande contemporaine se développe dans l'enseignement secondaire, où elle est considérée comme une partie de l'enseignement des arts du langage et des études sociales.

Auto-propagande

L'autopropagande est une forme de propagande qui fait référence à l'acte par lequel un individu se convainc de quelque chose, même si cette idée est irrationnelle. L'autopropagande permet aux individus de justifier plus facilement leurs propres actions ainsi que celles des autres. L'autopropagande permet souvent d'atténuer la dissonance cognitive ressentie par les individus lorsque leurs actions personnelles ou celles de leur gouvernement ne correspondent pas à leurs croyances morales. L'auto-propagande est un type d'auto-déception. L'auto-propagande peut avoir un impact négatif sur ceux qui perpétuent les croyances créées par l'utilisation de l'auto-propagande.

Enfants

De toutes les cibles potentielles de la propagande, les enfants sont les plus vulnérables car ils sont les moins préparés au raisonnement critique et à la compréhension du contexte dont ils ont besoin pour déterminer si un message est une propagande ou non. L'attention que les enfants portent à leur environnement au cours de leur développement, en raison du processus de développement de leur compréhension du monde, les amène à absorber la propagande sans discernement. De plus, les enfants sont très imitatifs : des études menées par Albert Bandura, Dorothea Ross et Sheila A. Ross dans les années 1960 ont indiqué que, dans une certaine mesure, la socialisation, l'éducation formelle et les émissions de télévision standardisées peuvent être considérées comme utilisant la propagande à des fins d'endoctrinement. L'utilisation de la propagande dans les écoles était très répandue dans les années 1930 et 1940 en Allemagne, sous la forme des Jeunesses hitlériennes.

Propagande antisémite pour les enfants

Dans l'Allemagne nazie, le système éducatif a été complètement coopté pour endoctriner la jeunesse allemande avec une idéologie antisémite. À partir des années 1920, le parti nazi a ciblé la jeunesse allemande comme l'un de ses publics privilégiés pour ses messages de propagande. Les écoles et les textes reflétaient ce que les nazis voulaient inculquer à la jeunesse allemande par l'utilisation et la promotion de la théorie raciale. Julius Streicher, le rédacteur en chef de *Der Sturmer*, dirigeait une maison d'édition qui diffusait des livres d'images de propagande antisémite dans les écoles pendant la dictature nazie. Cela se faisait par le biais de la National Socialist Teachers League, dont 97% des enseignants allemands étaient membres en 1937.

La Ligue encourageait l'enseignement de la théorie raciale. Des livres d'images pour enfants tels que *Trust No Fox on his Green Heath and No Jew on his Oath*, *Der Giftpilz* (traduit en anglais sous le titre *The Poisonous Mushroom*) et *The Poodle-Pug-Dachshund-Pinscher* ont été largement diffusés (plus de 100 000 exemplaires de *Trust No Fox...* ont été distribués à la fin des années 1930) et contenaient des représentations de Juifs en tant que démons, agresseurs d'enfants et autres personnages moralement chargés. Des slogans tels que "Judas le Juif a trahi Jésus l'Allemand pour les Juifs" étaient récités en classe. Au cours du procès de Nuremberg, *Trust No Fox on his Green Heath and No Jew on his Oath*, et *Der Giftpilz* ont été reçus comme documents de preuve parce qu'ils documentent les pratiques des nazis. Voici un exemple de problème de mathématiques propagandiste recommandé par l'Essence de l'éducation nationale-socialiste : "Les Juifs sont des étrangers en Allemagne - en 1933, il y avait 66 606 000 habitants dans le Reich allemand, dont 499 682 (,75%) étaient des Juifs."

Propagande par les médias

La propagande est une forme de persuasion souvent utilisée dans les médias pour faire avancer un programme quelconque, tel qu'un programme personnel, politique ou commercial, en suscitant une réponse émotionnelle ou obligatoire de la part du public. Elle comprend le partage délibéré de réalités, de points de vue et de philosophies destinés à modifier le comportement et à inciter les gens à agir.

Pour expliquer les liens étroits entre les médias et la propagande, Richard Alan Nelson a observé que la propagande était une forme de persuasion intentionnelle à l'aide de la transmission contrôlée d'informations unilatérales par les médias de masse. Les médias de masse et la propagande sont indissociables.

Les médias de masse, en tant que système de diffusion et de transmission d'informations et de messages au public, jouent un rôle en amusant, divertissant et informant les individus des règles et valeurs qui les situent dans la structure sociale. Par conséquent, la propagande crée des conflits entre les différentes classes de la société. De nos jours, dans une société où les médias sont omniprésents, les médias de masse constituent la principale plate-forme et le principal moyen de réaliser des actes de propagande et de faire avancer des programmes.

Aujourd'hui, divers médias modernes peuvent être utilisés pour fournir de la propagande au public visé, comme la radio, la télévision, les films, les affiches, les dépliants, la musique et les smartphones, pour n'en citer que quelques-uns.

Origines

"Propagande" est un terme qui était couramment utilisé en 1914, au début de la guerre mondiale, bien que son origine remonte à la Grèce antique. À Athènes, lieu d'origine de la civilisation occidentale et centre de la culture nord-méditerranéenne, la classe des citoyens était consciente et bien informée de ses intérêts et des affaires publiques. Ainsi, les conflits et les divergences sur les intérêts individuels et autres questions religieuses nécessitaient une propagande. En l'absence de médias de masse modernes tels que les journaux, la radio et la télévision comme moyen de diffusion de l'information, une série d'alternatives peuvent jouer un rôle de propagande des valeurs et des croyances pour façonner et modeler les opinions des hommes. Il peut s'agir de pièces de théâtre, de jeux et de festivals religieux. En outre, un autre outil de propagande dans une société fondée sur l'oralité est l'articulation.

La propagande est aujourd'hui dotée d'une connotation négative dans un contexte politique, bien que le mot soit entré dans la langue avec des origines religieuses. Le pape Grégoire XV a créé une institution chargée de diffuser la foi et de traiter une série d'affaires ecclésiastiques, à savoir la Congrégation pour la propagation de la foi. En outre, un collège de propagande a été créé sous le pape Urbain VIII afin de former des prêtres pour les missions.

Tout au long de l'histoire, la propagande a toujours été évidente dans les mouvements sociaux dynamiques tels que l'indépendance américaine, la Révolution française et surtout en temps de guerre. La propagande en temps de guerre est souvent utilisée pour façonner l'opinion publique afin de gagner plus d'alliés au niveau international, ainsi que pour appeler les citoyens à contribuer et à se sacrifier pour la guerre au niveau national. La propagande était utilisée dans les médias lorsque les treize colonies tentaient de se séparer de la Grande-Bretagne. Un exemple de cette période est le massacre de Boston. Après cet événement, les colons ont commencé à publier des formes de propagande dans les journaux afin d'inciter davantage de personnes à se rebeller contre les Britanniques. Pendant la Première Guerre mondiale, les gouvernements ont consacré des ressources massives et d'énormes efforts à la production de matériel destiné à façonner l'opinion et l'action au niveau international. Comme l'a affirmé Clark, les affiches en temps de guerre, avec certains codes visuels, sont des outils puissants pour amener les gens à s'adapter aux nouvelles conditions et normes découlant des guerres et à répondre aux besoins de la guerre. Pendant la Seconde Guerre mondiale, le pouvoir de la propagande a atteint son paroxysme, sous l'effet des horreurs de l'Allemagne nazie. Et depuis lors, le mot porte davantage de connotations négatives que neutres.

De nos jours, le terme est utilisé dans le journalisme, la publicité et l'éducation, principalement dans un contexte politique. Dans les pays non démocratiques, la propagande continue de prospérer comme moyen d'endoctriner les citoyens, et il est peu probable que cette pratique cesse à l'avenir.

Dans ses origines, le mot "propagande" est un mot ancien et honorable.

Médias sociaux

Les médias sociaux sont devenus de puissants outils de propagande, car l'internet est accessible à chaque individu comme jamais auparavant, et les sites de réseaux sociaux interactifs offrent une solide plateforme de débat et de partage d'opinions. La propagande, sous la forme d'une vidéo téléchargée sur YouTube, d'une publication sur Facebook ou Twitter, ou même d'un commentaire, a une efficacité considérable pour diffuser certaines valeurs et croyances.

Un autre élément qui rend les médias sociaux efficaces pour le partage de la propagande est le fait qu'ils peuvent atteindre de nombreuses personnes avec peu d'efforts et que les utilisateurs peuvent filtrer le contenu pour en retirer ce qu'ils ne veulent pas tout en conservant ce qu'ils aimeraient voir. Cette facilité d'utilisation peut être utilisée aussi bien par des personnes ordinaires que par des agences gouvernementales et des politiciens, qui peuvent profiter de ces plateformes pour diffuser des informations "bidon" en faveur de leur cause.

Recherche

En 2017, l'Université d'Oxford a lancé le Computational Propaganda Research Project, une série d'études recherchant comment les médias sociaux sont globalement utilisés pour manipuler l'opinion publique. L'étude, qui s'est appuyée sur des entretiens et "des dizaines de millions de messages sur sept plateformes de médias sociaux différentes au cours de nombreuses élections, crises politiques et incidents de sécurité nationale", a révélé qu'en Russie, environ 45 % des comptes Twitter sont des bots et qu'à Taïwan, une campagne contre la présidente Tsai Ing-wen a impliqué des milliers de comptes fortement coordonnés et partageant de la propagande chinoise.

Des techniques pour aimer, partager et poster sur les réseaux sociaux ont été utilisées. Les comptes robots ont été utilisés pour "jouer avec les algorithmes" afin de pousser différents contenus sur les plateformes. Le contenu réel diffusé par de vraies personnes peut être dissimulé et les robots peuvent faire en sorte que les mesures de soutien en ligne, telles que le nombre de "j'aime" ou de "retweets" reçus par un contenu, paraissent plus importantes qu'elles ne le devraient.

YouTube

YouTube compte plus d'un milliard d'utilisateurs chaque mois. Cela signifie que de nombreuses personnes auront probablement l'occasion de voir des vidéos postées par d'autres. Les groupes terroristes comme ISIS essaient de diffuser leurs vidéos sur YouTube pour que des millions de personnes puissent les voir. Ils postent souvent des vidéos où ils aident des civils ou des enfants. Leurs vidéos les montrent en train d'être gentils pour essayer de changer l'opinion des gens à leur sujet. Cependant, ils postent également des vidéos pour faire peur aux autres et les persuader de rejoindre leur cause. Craignant que leur propre peuple ne soit incité à rejoindre des groupes comme ISIS, ces derniers publient des vidéos pour attirer les extrémistes : "Ils réalisent ces vidéos de manière à séduire les personnes vulnérables aux méthodes extrémistes."

Comme le rapporte le New York Times, "Une vidéo de propagande est publiée par la Corée du Nord sur YouTube, montrant principalement un porte-avions et un avion de guerre américains détruits par des boules de feu générées par ordinateur, dernière salve en date dans l'escalade de la guerre des mots entre les deux pays. La vidéo publiée par un média d'État est racontée par une femme et comprend des images de l'armée nord-coréenne. Selon la vidéo, les missiles de la Corée du Nord seront "poignardés dans la gorge du porte-avions" et le jet "tombera du ciel", prévient-elle."

Twitter

Russie

Au cours de l'élection présidentielle de 2016, 200 000 tweets considérés comme des "activités malveillantes" provenant de comptes liés à la Russie ont été diffusés sur Twitter. Les comptes ont poussé des centaines de milliers de ces tweets affirmant que les démocrates pratiquaient la sorcellerie et se faisaient passer pour des militants de Black Lives Matter. Les enquêteurs ont pu remonter jusqu'au compte d'un organisme de propagande lié au Kremlin. Il a été fondé en 2013 et connu sous le nom d'Internet Research Agency (IRA).

Arabie Saoudite

Le New York Times a rapporté fin octobre 2018 que l'Arabie saoudite utilisait une armée en ligne de trolls sur Twitter.

Terrorisme

"En utilisant des services de téléchargement de contenus peu connus, des sites de collage de textes anonymes et de multiples comptes Twitter de secours, un groupe restreint d'agents ISIS a réussi à échapper aux contrôles des administrateurs pour diffuser la vidéo de Cantlie, intitulée Lend Me Your Ears, sur la toile en quelques heures."

Dans un autre exemple de propagande, Abdulrahman, l'opérateur al-Hamid a utilisé les techniques de hashtagging dans un message Twitter pour gagner la chaleur des sujets afin de diffuser l'information. De nombreux adeptes de Hamid sur Twitter ont été sollicités pour trouver les sujets les plus tendance au Royaume-Uni et les noms de comptes populaires sur lesquels ils pouvaient sauter pour obtenir la plus grande portée possible. Comme l'a écrit @Abu_Laila : "Nous avons besoin de ceux qui peuvent nous fournir les hashtags les plus actifs au Royaume-Uni. Et aussi les comptes des célébrités les plus célèbres. Je pense que le hashtag de la séparation de l'Écosse de la Grande-Bretagne devrait être le premier."

Recrutement universitaire

Les entraîneurs universitaires utilisent désormais Twitter pour attirer de nouvelles recrues. Comme la plupart des entraîneurs universitaires ont une pléthore de followers, ils peuvent utiliser leur plateforme pour aider une recrue et attirer l'attention en publiant des messages à son sujet. Cette approche est le plus souvent utilisée pour les joueurs de football, car si un entraîneur publie un message à leur sujet, ils se sentent désirés et respectés. Un exemple de la façon dont les entraîneurs utilisent Twitter pour recruter serait de prendre une photo de la recrue en train de jouer au football et de faire du photo-shopping pour faire croire que la recrue porte l'uniforme de l'université en question, puis de la poster sur leur Twitter. Cela donne à la base de fans l'occasion de réagir et de faire l'éloge de l'athlète, ce qui est essentiel car une recrue peut prendre sa décision en fonction de l'école et de la base de fans qui lui témoignent le plus d'amour. Les recrues peuvent également utiliser leur Twitter comme une plateforme pour se faire remarquer par les entraîneurs universitaires. Un athlète peut montrer son talent au monde entier en postant sa vidéo d'anthologie et en attendant simplement qu'un entraîneur la voie. Les joueurs doivent toutefois faire attention au contenu qu'ils publient, car dans le monde d'aujourd'hui, les entraîneurs n'offriront pas de bourse d'études à quiconque a quelque chose de mauvais sur son compte.

Facebook

Facebook a eu un impact considérable sur la société en permettant à des milliers de personnes de communiquer avec leur famille et leurs amis, et de rester en contact avec le reste du monde. Mais l'utilisation de Facebook conduit à des activités de propagande en ligne. Par exemple, les pages Facebook du président syrien Bashar al-Assad et de la Coalition nationale des forces de la révolution et de l'opposition syriennes en 2013 et 2014, utilisent des images pour promouvoir leurs agendas relatifs à la politique pendant les conflits qui ont suivi les soulèvements de 2011 en Syrie. Leur gouvernement utilise des cadres visuels pour aider à soutenir l'image selon laquelle le président Assad est un "dirigeant sans peur qui protège son peuple et que la vie a continué normalement à travers la Syrie", et pour aider à renforcer les images de la violence et des souffrances des civils causées par le régime Assad.

Des recherches ont également montré que des comptes Facebook "camouflés" sont à l'origine de la diffusion de propagande politique en ligne pour "imiter l'identité d'un adversaire afin de susciter des réactions haineuses et agressives" de la part des médias et de l'adversaire. Le processus s'appuie sur une étude de cas portant sur des pages Facebook danoises dont les pages sont masquées pour ressembler à des pages islamistes radicales afin d'aider à "[provoquer] des réactions racistes et anti-musulmanes ainsi que des sentiments négatifs envers les réfugiés et les immigrants au Danemark." La recherche fondée sur les pages analyse les défis de la propagande en ligne, tels que les défis épistémologiques, méthodologiques et conceptuels. Ces informations permettent également au lecteur de "comprendre la désinformation et la propagande dans un environnement de médias sociaux de plus en plus interactif et contribuent à une enquête critique sur les médias sociaux et la politique subversive."

États-Unis

En octobre 2018, le *Daily Telegraph a* rapporté que Facebook "a interdit des centaines de pages et de comptes qui, selon lui, inondaient frauduleusement son site de contenus politiques partisans - bien qu'ils proviennent des États-Unis au lieu d'être associés à la Russie."

Musique

La musique a toujours joué un rôle majeur dans la culture populaire. L'idéologie politique est souvent diffusée par les médias ; toutefois, l'utilisation de la musique permet de toucher un public extrêmement large et varié. Le but de la propagande, selon Manzaria et Bruck, est de "Persuader l'attitude, les croyances et les comportements des gens". La musique, quel que soit son genre, est constamment utilisée pour présenter un point de vue politique, éclairer ou valider un sujet que l'auteur ou l'artiste estime digne d'être abordé. La propagande par des moyens tels que la publicité et les campagnes, bien qu'efficace, n'atteint qu'un petit groupe de destinataires.

La musique patriotique et de guerre d'un pays est une forme de musique qui se concentre le plus sur la propagande. Avec des chansons comme "Slavic Woman's Farewell", "Over There", "God Bless the USA", "Fortunate Son", et la reprise de l'hymne national américain par Jimi Hendrix, ces chansons sont conçues pour provoquer une émotion de respect et de patriotisme pour votre pays, ou de rébellion et de dégoût pour les actions de votre pays. Pour citer le *Chicago Tribune*, les chansons patriotiques sont conçues pour "nous faire nous sentir bien dans notre pays, même lorsque celui-ci fait quelque chose qui nous semble mauvais".

Selon Putman, la propagande musicale a beaucoup à voir avec le public. Chaque genre musical peut atteindre un groupe démographique spécifique en quelques minutes, tout en y mêlant la propagande. Purfleau apporte une vision plus sociale au concept de musique à motivation politique, en affirmant que la propagande musicale est "la base d'un certain type d'art politique qui aspire à contester l'ordre économique et social contemporain". L'approche de Purfleau pour comprendre la propagande musicale explique la manière intemporelle dont la musique a été utilisée pour présenter des points de vue. Bien que la musique ne soit pas toujours le premier média auquel on pense lorsqu'on envisage la propagande, elle est un mode extrêmement efficace et a prouvé son influence sur la culture populaire tout au long de l'histoire humaine.

Autorisation de fabrication

L'ouvrage d'Edward S. Herman et de Noam Chomsky intitulé "Manufacturing Consent" aborde cette notion. Chomsky utilise l'analogie d'une machine médiatique qui divise les méthodes utilisées par les médias en cinq filtres différents, y compris la façon dont les médias fonctionnent par le biais de la propriété, de la publicité, de l'élite médiatique, du flack et d'un ennemi commun convenu.

La relation entre le téléspectateur et le diffuseur, le consommateur et le producteur dans le contexte des médias, a été étudiée depuis le début de la communication de masse. Cette étude a été menée non seulement en argumentant sur la façon dont l'invention de la télévision a changé la composition des ménages, mais aussi sur la façon dont les organes d'information et Internet sont devenus des outils puissants pour pousser la propagande et les informations sélectionnées sur les consommateurs. Les espaces manufacturés dans les médias créent des "bulles d'information" grâce à des mécanismes tels que le capitalisme algorithmique. Ils cherchent à contrôler les idéologies des consommateurs en les bombardant d'informations qui penchent d'un côté tout en les privant d'objectivité. Les médias de masse sont sélectifs et influents dans leur contenu partagé avec les consommateurs.

La propriété examine comment les personnes au pouvoir et celles qui sont affectées par les informations apportées aux médias cherchent à les détruire ou à les "tourner" pour conserver l'image de soi et le pouvoir. Les médias ont besoin de consommateurs pour attirer les annonceurs. Ces deux filtres dépendent de l'élite des médias et du flack pour fonctionner, car l'élite des médias est constituée de journalistes et d'autres personnes ayant accès à des plates-formes qui sont essentiellement sélectionnées parce qu'elles respectent les règles établies par les propriétaires en ce qui concerne la manière dont les informations sont partagées. D'un autre côté, les Flack sont ceux que Chomsky propose de diffamer par ceux qui sont au pouvoir ou qui n'ont même pas accès à une plateforme simplement parce que leurs informations sont trop critiques ou qu'elles menacent la propriété, les annonceurs et les revenus en général. L'utilisation d'un ennemi commun est une pratique très identifiée en politique et peut être décrite comme un bouc émissaire utilisé pour justifier les décisions prises par les personnes au pouvoir. Par conséquent, le concept de base de l'idée de Herman et Chomsky est que ces filtres illustrent comment les médias peuvent être sélectifs en matière d'information et pourquoi ils sont motivés pour le faire.

Ceci étant dit, le danger derrière les informations filtrées est mis en évidence dans le sens où il crée une "polarisation idéologique" - un phénomène au sein d'une société qui "a dominé les débats populaires et académiques" (Sphor 2017). Un exemple vraiment simplifié de ce phénomène serait le système politique des États-Unis d'Amérique et " l'auto-placement entre... les démocrates et les républicains " ; le mot clé dans ce contexte étant l'auto-placement, la société étant regroupée et divisée en deux écoles de pensée. Ce sophisme du noir et blanc est l'épine dorsale de l'effet de polarisation observé dans la pensée de la société.

Publicité

Accentuation et répression dans la publicité

Les entreprises médiatiques utilisent la publicité pour faire avancer la propagande. Selon certaines études, les organisations utilisent la publicité pour promouvoir la propagande économique en influençant la perception des marques par les consommateurs. Idéalement, les consommateurs doivent avoir accès à toutes les informations nécessaires pour prendre des décisions d'achat. Au contraire, les publicités contiennent des informations positives et exagérées qui visent à convaincre un consommateur d'acheter un produit particulier. On sait que de nombreuses publicités contiennent des phrases telles que "50 % plus fort" ou "moins de 30 % de matières grasses", qui sont fortement soulignées. Ces déclarations induisent en erreur les consommateurs qui ne tiennent pas compte des défauts associés aux produits, lesquels sont généralement refoulés dans la publicité tout en se concentrant sur les caractéristiques exagérées. En conséquence, cette stratégie relève de la propagande puisque les entreprises l'utilisent pour amener les consommateurs à prendre des décisions irrationnelles en les influençant intentionnellement.

Référence par les injures

Les injures sont traditionnellement une technique courante dans la publicité, car elles consistent à faire des déclarations qui rabaissent et sapent un concurrent sans nécessairement être vraies. Des marques courantes telles que Coca-Cola et Pepsi sont connues pour se livrer à des injures. Les deux entreprises proposent souvent des publicités qui sapent les produits offerts par l'autre. De même, Burger King a diffusé une publicité présentant son sandwich "The Whopper" comme étant plus grand que la boîte utilisée par McDonald's pour emballer son hamburger "Big Mac". Ces exemples montrent comment les entreprises ont eu recours à des injures dans la publicité plutôt que de mettre en évidence les avantages de leurs produits pour le consommateur. En conséquence, ces organisations parviennent à persuader et à manipuler les consommateurs pour qu'ils prennent des décisions d'achat fondées sur des informations trompeuses.

Bandwagon

Les entreprises utilisent de plus en plus cette technique pour faire la publicité de leurs produits et services. Cette méthode vise à convaincre un consommateur de prendre une décision d'achat par peur d'être exclu. En affirmant que des millions de consommateurs utilisent leurs produits ou services et que ce serait une erreur de ne pas faire partie de la tendance. En 1994, McDonald's a diffusé une publicité affirmant que l'entreprise de restauration rapide avait servi 99 milliards de clients depuis sa création. Bien qu'une telle affirmation puisse être valable, ces informations ne sont pas destinées à permettre au consommateur de prendre une décision d'achat rationnelle. Au contraire, ces déclarations sont conçues pour inciter les gens à acheter des produits dont ils n'ont pas nécessairement besoin pour la simple raison qu'ils ne veulent pas être les laissés pour compte. La propagande des groupes de pression est donc devenue un aspect central de la publicité moderne.

Une généralité étincelante

Une autre technique de propagande souvent utilisée dans la publicité est la généralité brillante. Cette approche consiste à utiliser des déclarations contenant des phrases que le consommateur considérerait immédiatement comme valables sans autre analyse. Lorsqu'elle est utilisée efficacement, cette stratégie permet à une entreprise d'utiliser ses publicités en faisant appel aux émotions des consommateurs plutôt que de les aider à prendre des décisions rationnelles. Parmi les termes les plus courants utilisés dans la publicité pour susciter des sentiments positifs immédiats chez les consommateurs figurent "meilleur" et "meilleur". Une publicité peut insister sur le fait que le produit est le meilleur pour le consommateur sans nécessairement indiquer la raison pour laquelle et comment le consommateur bénéficierait de cet achat. Puisque les consommateurs veulent acquérir les meilleurs produits et services, ils choisissent d'acheter de tels articles sans analyser si les affirmations sont valables. La capacité à déclencher une réaction positive chez le consommateur est à la base de la généralité éclatante de la publicité.

Propagande de transfert

La publicité consiste à projeter sur une autre personne les sentiments positifs ou négatifs qu'une personne éprouve à l'égard d'une idée ou d'une personne spécifique. L'objectif de la propagande de transfert dans la publicité est d'amener le consommateur à associer un produit à des qualités positives ou négatives telles que le patriotisme et le nationalisme dans son évaluation du produit. Une publicité qui met l'accent sur le patriotisme, par exemple, peut être conçue pour inciter les consommateurs à acheter un produit par amour pour leur pays. Les entreprises tirent parti du fait que les gens apprécient certaines choses et qu'ils en détestent d'autres pour élaborer des campagnes de marketing.

Publicité par témoignage

Les publicités du monde entier contiennent également des aspects de propagande testimoniale. Cette stratégie consiste notamment à inclure des personnes influentes, ainsi que des figures d'autorité et des experts, dans les publicités pour attirer l'attention des consommateurs. Une publicité pour un dentifrice affirmant que 99 % des dentistes recommanderaient le produit est un exemple de propagande testimoniale dans la publicité. De même, les entreprises ou les campagnes sont connues pour utiliser des célébrités pour soutenir différents produits par le biais de canaux publicitaires traditionnels et modernes. Un panneau d'affichage contenant la photo d'un célèbre footballeur tenant un ballon pourrait, par exemple, donner l'impression que la célébrité préfère la marque en question. Dans ce cas, les entreprises peuvent persuader et manipuler les consommateurs en leur faisant croire que leurs produits ont été testés et approuvés par des figures d'autorité. Il est donc utile de comprendre comment la publicité testimoniale affecte les consommateurs pour comprendre pourquoi les entreprises l'utilisent.

Gros mensonge

Le **gros mensonge** (en allemand : *große Lüge*) est une déformation ou une déformation grossière de la vérité, utilisée notamment comme technique de propagande. L'expression allemande a été inventée par Adolf Hitler, lorsqu'il a dicté son livre *Mein Kampf* en 1925, pour décrire l'utilisation d'un mensonge si colossal que personne ne pourrait croire que quelqu'un "puisse avoir l'impudence de déformer la vérité de manière aussi infâme". Hitler affirmait que cette technique avait été utilisée par les Juifs pour imputer la défaite de l'Allemagne lors de la Première Guerre mondiale au général allemand Erich Ludendorff, qui était un éminent dirigeant politique nationaliste de la République de Weimar.

Selon l'historien Jeffrey Herf, les nazis ont utilisé l'idée du grand mensonge originel pour retourner le sentiment contre les Juifs et justifier l'Holocauste. Herf soutient que Joseph Goebbels et le parti nazi ont réellement utilisé la technique du grand mensonge qu'ils ont décrite - et qu'ils l'ont utilisée pour transformer un antisémitisme de longue date en Europe en un meurtre de masse. Herf affirme en outre que le grand mensonge des nazis consistait à dépeindre l'Allemagne comme un pays innocent et assiégé se défendant contre la "juiverie internationale", que les nazis accusaient d'avoir déclenché la Première Guerre mondiale. La propagande nazie a affirmé à plusieurs reprises que les Juifs détenaient le pouvoir dans les coulisses en Grande-Bretagne, en Russie et aux États-Unis. Elle a également répandu l'idée que les Juifs avaient déclenché une guerre d'extermination contre l'Allemagne et s'en est servi pour affirmer que l'Allemagne avait le droit d'anéantir les Juifs en cas de légitime défense.

Au XXIe siècle, le terme a été appliqué aux tentatives d'annulation du résultat de l'élection présidentielle américaine de 2020 par Donald Trump et ses alliés, plus précisément à la fausse affirmation que l'élection a été volée par une fraude électorale et électorale massive. L'ampleur de ces affirmations a conduit les partisans de Trump à attaquer le Capitole des États-Unis.

Les spécialistes affirment que la répétition constante dans de nombreux médias différents est nécessaire au succès de la technique du gros mensonge, tout comme la motivation psychologique du public à croire les affirmations extrêmes.

Utilisation pour le compte de l'Allemagne nazie

La description d'Hitler

La source de la technique du gros mensonge est ce passage, tiré du chapitre 10 de la traduction par James Murphy de *Mein Kampf* d'Adolf Hitler. (La citation est un paragraphe dans la traduction de Murphy et dans l'original allemand).

Mais il restait aux Juifs, avec leur capacité absolue de mensonge, et à leurs camarades de combat, les marxistes, à imputer la responsabilité de la chute précisément à l'homme qui seul avait fait preuve d'une volonté et d'une énergie surhumaines dans son effort pour empêcher la catastrophe qu'il avait prévue et pour sauver la nation de cette heure de renversement complet et de honte. En plaçant la responsabilité de la perte de la guerre mondiale sur les épaules de Ludendorff, ils ont retiré l'arme du droit moral au seul adversaire assez dangereux pour être susceptible de réussir à traduire en justice les traîtres de la Patrie.

Tout cela était inspiré par le principe - qui est tout à fait vrai en soi - que dans le gros mensonge, il y a toujours une certaine force de crédibilité ; parce que les grandes masses d'une nation sont toujours plus facilement corrompues dans les strates les plus profondes de leur nature émotionnelle que consciemment ou volontairement ; et ainsi, dans la simplicité primitive de leur esprit, elles sont plus facilement victimes du gros mensonge que du petit mensonge, car elles-mêmes disent souvent de petits mensonges dans de petites affaires mais auraient honte de recourir à des mensonges à grande échelle.

Il ne leur viendrait jamais à l'esprit de fabriquer des contrevérités colossales, et ils ne croiraient pas que d'autres puissent avoir l'impudence de déformer la vérité de façon aussi infâme. Même si les faits qui prouvent qu'il en est ainsi sont clairement exposés à leur esprit, ils continueront à douter et à hésiter et à penser qu'il peut y avoir une autre explication. Car le mensonge grossièrement impudent laisse toujours des traces derrière lui, même après avoir été cloué au sol, un fait connu de tous les menteurs experts de ce monde et de tous ceux qui conspirent ensemble dans l'art du mensonge.

En 1943, Edwin James, collaborateur du *New York Times*, a affirmé que le plus grand mensonge d'Hitler était son affirmation révisionniste selon laquelle l'Allemagne n'avait pas été vaincue dans la guerre en 1918, mais avait plutôt été trahie par des groupes internes. Ce mythe du coup de poignard dans le dos a été diffusé par des groupes de droite, dont les nazis.

En mettant en scène l'Holocauste

Selon l'historien Jeffrey Herf, les nazis ont utilisé l'idée du grand mensonge originel pour retourner le sentiment contre les Juifs et justifier l'Holocauste. Herf soutient que Joseph Goebbels et le parti nazi ont réellement utilisé la technique du grand mensonge qu'ils ont décrite - et qu'ils l'ont utilisée pour transformer un antisémitisme de longue date en Europe en un meurtre de masse. Herf affirme en outre que le grand mensonge des nazis consistait à dépeindre l'Allemagne comme un pays innocent et assiégé se défendant contre la juiverie internationale, que les nazis accusaient d'avoir déclenché la Première Guerre mondiale. La propagande nazie a affirmé à plusieurs reprises que les Juifs détenaient le pouvoir dans les coulisses en Grande-Bretagne, en Russie et aux États-Unis. Elle a en outre répandu l'idée que les Juifs avaient commencé une guerre d'extermination contre l'Allemagne, et s'en est servi pour affirmer que l'Allemagne avait le droit d'anéantir les Juifs en état de légitime défense.

L'historien de la guerre froide Zachary Jonathan Jacobson décrit son utilisation :

Adolf Hitler a d'abord défini le Grand Mensonge comme un outil déviant manié par les Juifs viennois pour discréditer la conduite des Allemands pendant la Première Guerre mondiale. Pourtant, de façon tragiquement ironique, c'est Hitler et son régime nazi qui ont en fait employé cette stratégie mensongère. Dans le but de réécrire l'histoire et de rendre les Juifs d'Europe responsables de la défaite de l'Allemagne pendant la Première Guerre mondiale, Hitler et son ministre de la propagande les ont accusés de profiter de la guerre, de s'acoquiner avec des puissances étrangères et de se soustraire à la conscription. Les Juifs, selon Hitler, étaient la faiblesse de l'État Weimer qui exposait la population allemande loyale et véritable à un effondrement catastrophique. Pour vendre ce récit, Joseph Goebbels insiste sur le fait que "toute propagande efficace doit se limiter à un très petit nombre de points et doit les répéter sous forme de slogans jusqu'à ce que le dernier membre du public comprenne".

En bref, le fascisme nazi s'est articulé autour de la création d'un mensonge rationalisé et global... Les nazis ont construit une idéologie sur une fiction, l'idée que la défaite de l'Allemagne lors de la Première

Guerre mondiale pouvait être vengée (et inversée) en purgeant la population allemande des responsables supposés : les Juifs.

Description de Goebbels

Joseph Goebbels a également avancé une théorie qui a été communément associée à l'expression "gros mensonge". Goebbels a écrit le paragraphe suivant dans un article daté du 12 janvier 1941, seize ans après la première utilisation de l'expression par Hitler. L'article, intitulé "Aus Churchills Lügenfabrik" (anglais : "From Churchill's Lie Factory") a été publié dans *Die Zeit ohne Beispiel*.

Le secret essentiel du leadership anglais ne dépend pas d'une intelligence particulière. Il dépend plutôt d'une remarquable stupidité d'esprit. Les Anglais suivent le principe selon lequel lorsqu'on ment, on doit mentir gros, et s'y tenir. Ils maintiennent leurs mensonges, même au risque de paraître ridicules.

Citation présumée

La citation supposée suivante de Joseph Goebbels a été répétée dans de nombreux livres et articles et sur des milliers de pages web, mais aucun d'entre eux n'a cité de source primaire. Selon les recherches et le raisonnement de Randall Bytwerk, il est peu probable que Goebbels ait dit cette citation.

Si vous dites un mensonge suffisamment gros et que vous le répétez sans cesse, les gens finiront par le croire. Le mensonge ne peut être maintenu que tant que l'État peut protéger la population des conséquences politiques, économiques et/ou militaires du mensonge. Il devient donc d'une importance vitale pour l'État d'utiliser tous ses pouvoirs pour réprimer la dissidence, car la vérité est l'ennemi mortel du mensonge, et donc par extension, la vérité est le plus grand ennemi de l'État.

Profil psychologique américain d'Hitler

L'expression "gros mensonge" a été utilisée dans un rapport rédigé vers 1943 par Walter C. Langer pour l'Office of Strategic Services des États-Unis, afin de décrire le profil psychologique d'Hitler. Ce rapport a ensuite été publié sous forme de livre sous le titre *The Mind of Adolf Hitler* en 1972. Langer a déclaré à propos du dictateur :

Ses principales règles étaient les suivantes : ne jamais laisser le public se calmer ; ne jamais admettre une faute ou un tort ; ne jamais concéder qu'il peut y avoir du bon dans votre ennemi ; ne jamais laisser de place aux alternatives ; ne jamais accepter de blâme ; se concentrer sur un ennemi à la fois et le blâmer pour tout ce qui va mal ; les gens croiront un gros mensonge plus vite qu'un petit ; et si vous le répétez assez souvent, les gens finiront par le croire.

Une citation quelque peu similaire apparaît dans l'ouvrage *Analysis of the Personality of Adolph Hitler de* 1943 *: With Predictions of His Future Behaviour and Suggestions for Dealing with Him Now and After Germany's Surrender*, par Henry A. Murray :

... ne jamais reconnaître une faute ou un tort ; ne jamais accepter de blâme ; se concentrer sur un ennemi à la fois ; blâmer cet ennemi pour tout ce qui va mal ; profiter de chaque occasion pour soulever un tourbillon politique.

Utilisation aux États-Unis

L'époque de la guerre froide

Certains représentants du gouvernement américain pensaient que cette technique continuait à être employée par les théoriciens de la conspiration antisémite dans les décennies qui ont suivi la Seconde Guerre mondiale. Dans leur rapport de 1964 sur un texte antisémite fabriqué de toutes pièces et publié pour la première fois en Russie en 1903, les membres de la sous-commission de la sécurité intérieure du Sénat ont déclaré qu'ils étaient convaincus que les "colporteurs" du pamphlet démystifié utilisaient "la technique hitlérienne du "gros mensonge"" non seulement pour promouvoir les canards antisémites, mais aussi pour exploiter les craintes américaines de l'influence communiste.

La fausse déclaration de Trump sur le vol des élections

Au cours de sa carrière politique, Donald Trump a employé ce qui a été caractérisé comme la technique de propagande du tuyau d'arrosage de mensonges. Pour appuyer ses tentatives d'annulation de l'élection présidentielle américaine de 2020, lui et ses alliés ont affirmé à plusieurs reprises et à tort qu'il y avait eu une fraude électorale massive et que Trump était le véritable vainqueur de l'élection. Les sénateurs américains Josh Hawley et Ted Cruz ont ensuite contesté les résultats de l'élection au Sénat. Leur action a été qualifiée de "grand mensonge" par le président élu de l'époque, Joe Biden : "Je pense que le public américain a une vision claire et précise de qui ils sont. Ils font partie du grand mensonge, du grand mensonge". Les sénateurs républicains Mitt Romney et Pat Toomey, les spécialistes du fascisme Timothy Snyder et Ruth Ben-Ghiat, l'experte en affaires russes Fiona Hill et d'autres ont également utilisé le terme "gros mensonge" pour désigner les fausses affirmations de Trump sur la fraude électorale massive. En mai 2021, de nombreux républicains en étaient venus à adhérer au faux récit et à l'utiliser comme justification pour imposer de nouvelles restrictions de vote et tenter de prendre le contrôle de la gestion administrative des élections. Les républicains qui s'opposent à ce discours sont confrontés à un retour de bâton.

Dominion Voting Systems, qui a fourni des machines à voter à de nombreuses juridictions lors de l'élection de 2020, demande 1,3 milliard de dollars de dommages et intérêts à l'avocat de Trump, Rudy Giuliani.

Dans la poursuite, Dominion allègue que "lui et ses alliés ont fabriqué et diffusé le "Big Lie", qui, de manière prévisible, est devenu viral et a trompé des millions de personnes en leur faisant croire que Dominion avait volé leurs votes et truqué l'élection."

Au début de 2021, le *New York Times a* examiné la promotion par Trump du "grand mensonge" à des fins politiques pour subvertir l'élection de 2020, et a conclu que le mensonge a encouragé l'attaque de 2021 contre le Capitole des États-Unis.L'attaque a été citée dans une résolution visant à mettre Trump en accusation pour la deuxième fois.Au cours du deuxième procès en destitution de Trump, les house managers Jamie Raskin, Joe Neguse, Joaquin Castro, Stacey Plaskett et Madeleine Dean ont tous utilisé l'expression "the big lie" à plusieurs reprises pour faire référence à la notion de vol de l'élection, avec un total de 16 mentions dans la seule présentation initiale. L'expression, qui précède et inclut la période électorale, a constitué la première section de la partie "provocation" de l'argumentation.

Le 7 octobre, le Comité judiciaire du Sénat a publié un nouveau témoignage et un rapport du personnel, selon lesquels :

nous n'étions qu'à un demi-pas d'une crise constitutionnelle à part entière, alors que le président Donald Trump et ses loyalistes menaçaient de prendre le contrôle du ministère de la Justice (DOJ). Ils révèlent également comment l'ancien procureur général adjoint par intérim de la division civile, Jeffrey Clark, est devenu l'avocat du grand mensonge de Trump, faisant pression sur ses collègues du DOJ pour forcer une annulation de l'élection de 2020.

Au début de l'année 2022, le *New York Times a* présenté une analyse détaillée des efforts continus de Trump et de ses alliés pour promouvoir davantage "le gros mensonge" et les mensonges connexes dans leurs tentatives de renverser et d'influencer les futures élections, y compris celles de 2022 et 2024.

Le 13 juin 2022, la commission spéciale de la Chambre des représentants des États-Unis sur l'attentat du 6 janvier a présenté un témoignage selon lequel Trump savait qu'il avait perdu l'élection de 2020, mais a néanmoins promu le faux récit pour exploiter les donateurs et, par conséquent, a raflé "un demi-milliard" de dollars.

Autres utilisations par les conservateurs américains

Le terme a été utilisé par des personnalités de la droite américaine pour décrire les allégations selon lesquelles la victoire de Trump aux élections de 2016 était le résultat d'une collusion présumée entre sa campagne et la Russie. L'ancien procureur général William Barr a décrit ces allégations comme "un gros mensonge très préjudiciable" qui empêchait l'administration de traiter correctement avec Poutine, un sentiment également partagé par Newt Gingrich.

Au début de l'année 2021, Trump et plusieurs républicains de premier plan ont tenté de s'approprier le terme "le grand mensonge", affirmant qu'il se réfère à d'autres questions électorales. Trump a déclaré que le terme fait référence à "l'élection présidentielle frauduleuse de 2020". Un article d'opinion paru dans le *Wall Street Journal, un* journal typiquement conservateur, ainsi que les politiciens républicains Mitch McConnell et Newt Gingrich, ont fait référence au "grand mensonge" comme étant l'opposition démocrate à ce qui était de nouvelles exigences d'identification des électeurs plus restrictives. Le bureau de McConnell a qualifié une tentative des démocrates d'abolir le filibuster pour adopter une législation sur le droit de vote de "grand mensonge de la gauche [selon lequel] une conspiration diabolique contre le vote balaie l'Amérique". Timothy Snyder observe :

Le mensonge est si gros qu'il réorganise le monde. Et donc une partie du fait de dire le gros mensonge est que vous dites immédiatement que c'est l'autre côté qui dit le gros mensonge. Malheureusement, mais c'est juste une question d'enregistrement, tout cela est dans *Mein Kampf*.

En janvier 2022, les républicains prenaient des mesures pour imposer de nouvelles restrictions au vote et pour prendre le contrôle total du scrutin et de la gestion administrative des élections, tout cela alors qu'une grande majorité de républicains continuaient de croire que l'élection de 2020 leur avait été volée et affirmaient que la démocratie risquait d'échouer. Une vaste couverture médiatique a indiqué que les efforts des républicains eux-mêmes semblaient présenter une menace pour la démocratie.

Autres utilisations

Le gouvernement chinois a faussement qualifié le génocide ouïghour (2014-présent) de "grand mensonge" perpétré par des forces hostiles.

Andrew Wilson, du Conseil européen des relations étrangères, a décrit l'invasion russe de l'Ukraine en 2022 comme "la guerre du grand mensonge. Le mensonge selon lequel l'Ukraine n'existe pas. Le mensonge selon lequel l'Ukraine n'a aucun droit à la pleine souveraineté parce qu'elle est un État fantoche de l'Occident. Le mensonge selon lequel A a envahi B parce que C est à blâmer - l'Occident, l'expansion de l'OTAN, l'hégémonie mondiale des États-Unis. "

Analyse

Des psychologues, des psychiatres et d'autres personnes ont expliqué pourquoi la technique du gros mensonge fonctionne. Le Dr Ramani Durvasula, psychologue clinicien agréé et professeur de psychologie, expert du trouble de la personnalité narcissique et de l'abus narcissique, affirme que :

La répétition est importante, car le Grand Mensonge fonctionne par endoctrinement. Le Grand Mensonge devient alors sa propre base de preuves - s'il est suffisamment répété, les gens le croient, et la répétition même devient presque tautologiquement le support du Mensonge. ... Entendez suffisamment quelque chose, cela devient une vérité. Les gens supposent qu'il y a une base de preuves lorsque le mensonge est gros (c'est comme un angle mort). ... [Les gens ne réalisent pas non plus] qu'il y a des gens parmi nous qui manquent d'empathie, qui ne se soucient pas du bien commun, qui sont grandioses, arrogants et prêts à exploiter et à manipuler les gens pour leurs seuls besoins égocentriques. ... [Au lieu de cela, une sorte d'effet de halo confère aux dirigeants une expertise et un pouvoir présumés, alors que ce n'est pas du tout le cas (la plupart, sinon la totalité, des dirigeants mégalomanes, des despotes, des tyrans et des oligarques ont pour trait commun le narcissisme et la psychopathie).

L'importance de la répétition dans l'acceptation du gros mensonge est soulignée par Miriam Bowers-Abbott, professeur associé de logique au Mount Carmel College of Nursing, qui déclare : "Ce qui est particulièrement utile, c'est la répétition dans une variété de contextes. Il ne s'agit pas seulement de répéter les mêmes mots, mais d'intégrer une idée de différentes manières. Cela construit sa propre petite toile de soutien". Une telle répétition peut se produire dans l'environnement physique, selon le Dr Matt Blanchard, psychologue clinicien à l'université de New York, qui affirme : "Rien ne vend le Grand Mensonge comme des t-shirts, des casquettes et des bannières fantaisie. Ces articles sont normalement associés à des équipes sportives, et non à des questions politiques de vie ou de mort. Mais Trump et son entourage ont habilement utilisé ces articles pour susciter le genre de loyauté débridée que les Américains associent au football professionnel. ... Les bannières et les chapeaux ajoutent un air de folie à tout. Si je peux acheter un chapeau fantaisie à ce sujet, est-ce vraiment si sérieux ? ... C'est un coup d'esprit génial".

Blanchard note également que les gens évaluent les informations qui ont un impact direct sur leur vie différemment des informations plus abstraites et moins proches d'eux. Il affirme que "l'acte de "croire" n'est pas seulement une chose que les humains font. Au contraire, ce mot représente un large éventail de relations que les humains entretiennent avec l'information. Nous ne "croyons" pas vraiment les choses, mais nous acceptons provisoirement les informations que nous trouvons utiles". C'est pourquoi il affirme que "la plupart des gens ne "croient" pas de tout cœur au Grand Mensonge, mais ils sont plus qu'heureux de l'accepter provisoirement parce que... pourquoi pas ? Cela peut être divertissant. Cela peut flatter votre identité. Cela peut vous aider à créer des liens avec d'autres personnes de votre communauté. Ou cela peut vous aider à évacuer votre colère. ... "Le soulagement est toujours fondé sur l'utilité".

Le psychiatre Bandy X. Lee note que des raisons émotionnelles se cachent derrière l'acceptation d'affirmations scandaleuses telles que le gros mensonge, en déclarant :

En général, ils essaient de trouver du confort et d'éviter la douleur. ... C'est ce qui se produit dans les états de santé précaires, où l'on est moins enclin à s'aventurer dans de nouveaux domaines ou à chercher des solutions créatives. La répétition est un réconfort, et donc un peuple ou une nation sous pression gravitera davantage vers ce qui lui est répété que vers ce qui est réaliste. Adolf Hitler l'a très bien compris, et c'est pourquoi le psychologue américain Walter Langer a inventé cette expression pour décrire sa méthode.

Les médias sociaux jouent également un rôle dans ces réactions émotionnelles, selon Mme Bowers-Abbott, qui déclare :

Il était plus facile de déloger les contre-vérités avant les médias sociaux. Dans les médias sociaux, les gens ont tendance à prendre des positions publiques. Lorsque cette position s'avère être fausse, c'est embarrassant. Et faire marche arrière est généralement perçu comme une faiblesse. Ils redoublent donc de fausses affirmations pour sauver la face et leur crédibilité personnelle. ... Nous sommes beaucoup trop attachés émotionnellement au fait d'avoir raison. Il serait préférable pour notre culture dans son ensemble de valoriser l'incertitude, l'humilité intellectuelle et la curiosité. Ces valeurs nous aident à poser des questions sans attendre de réponses définitives.

Durvasula, Blanchard et Lee conviennent qu'il est peu probable qu'une personne croyant à un gros mensonge puisse être persuadée par la présentation de preuves factuelles. Durvasula soutient que l'amélioration des compétences en matière de pensée critique est nécessaire, déclarant : "Cela signifie qu'il faut mettre fin aux algorithmes qui ne fournissent que des nouvelles de confirmation et que les gens voient plutôt des histoires et des informations qui offrent d'autres points de vue... créer des espaces sûrs pour avoir ces conversations... encourager le discours civil avec ceux qui ont des opinions différentes, apprendre aux gens à trouver un terrain d'entente (par exemple l'amour de la famille) même lorsque les systèmes de croyance ne sont pas alignés." Blanchard affirme que "[l]es promoteurs du Grand Mensonge ne seront discrédités aux yeux de leurs partisans que s'ils sont confrontés à leur plus grande peur - la responsabilité. ... Ils doivent être vus en train de perdre dans les urnes, ils doivent être arrêtés lorsqu'ils enfreignent la loi, ils doivent être poursuivis pour toute diffamation, ils doivent être poursuivis avec tous les outils juridiques disponibles dans une société ouverte. ... Par-dessus tout, ils doivent être considérés comme faibles. Ce n'est qu'alors que leurs mensonges perdront leur utilité pour les millions de personnes qui ont vu un jour quelque chose à gagner - personnellement, psychologiquement, politiquement, financièrement - en choisissant de croire." Lee note qu'il est important, lorsqu'on tente de désabuser quelqu'un d'un gros mensonge, de ne pas le mettre sur la défensive : "Vous devez réparer la vulnérabilité émotionnelle sous-jacente qui a conduit les gens à y croire en premier lieu. Pour les populations, il s'agit généralement de la douleur de ne pas avoir sa place dans le monde, que les inégalités socio-économiques exacerbent. La privation de soins de santé, d'éducation, de la possibilité de gagner sa vie et d'autres moyens de dignité peut rendre une population psychologiquement vulnérable à ceux qui cherchent à l'exploiter."

Théorie du complot

Une **théorie du complot** est une explication d'un événement ou d'une situation qui invoque une conspiration de groupes sinistres et puissants, souvent de motivation politique, alors que d'autres explications sont plus probables. Le terme a une connotation négative, impliquant que l'appel à une conspiration est basé sur des préjugés ou des preuves insuffisantes. Une théorie du complot n'est pas la même chose qu'un complot ; elle fait plutôt référence à une hypothèse de complot avec des caractéristiques spécifiques, comme une opposition au consensus général parmi les personnes (comme les scientifiques ou les historiens) qui sont qualifiées pour évaluer son exactitude.

Les théories du complot résistent à la falsification et sont renforcées par un raisonnement circulaire : les preuves contre le complot et l'absence de preuves en sa faveur sont réinterprétées comme des preuves de sa véracité, de sorte que le complot devient une question de foi plutôt que quelque chose qui peut être prouvé ou réfuté. Des études ont établi un lien entre la croyance dans les théories du complot, la méfiance envers l'autorité et le cynisme politique. Certains chercheurs suggèrent que l'**idéation conspirationniste - la croyance** aux théories du complot - peut être psychologiquement nuisible ou pathologique, et qu'elle est corrélée à une pensée analytique plus faible, à une faible intelligence, à la projection psychologique, à la paranoïa et au machiavélisme. Les psychologues attribuent généralement la croyance aux théories du complot et le fait de trouver une conspiration là où il n'y en a pas à un certain nombre de conditions psychopathologiques telles que la paranoïa, la schizotypie, le narcissisme et l'attachement insécure, ou à une forme de biais cognitif appelé "perception de modèles illusoires". Cependant, le consensus scientifique actuel soutient que la plupart des théoriciens du complot ne sont pas pathologiques, précisément parce que leurs croyances reposent en fin de compte sur des tendances cognitives qui sont neurologiquement câblées dans l'espèce humaine et ont probablement des origines évolutionnaires profondes, y compris des inclinations naturelles vers l'anxiété et la détection d'agence.

Historiquement, les théories du complot ont été étroitement liées aux préjugés, à la propagande, aux chasses aux sorcières, aux guerres et aux génocides. Les auteurs d'attaques terroristes y croient souvent fermement, et Timothy McVeigh et Anders Breivik s'en sont servis pour justifier leurs actes, ainsi que des gouvernements tels que l'Allemagne nazie, l'Union soviétique et la Turquie. Le négationnisme du sida par le gouvernement d'Afrique du Sud, motivé par des théories du complot, a causé environ 330 000 décès dus au sida, QAnon et le négationnisme concernant les résultats de l'élection présidentielle américaine de 2020 ont conduit à l'attaque du Capitole des États-Unis en 2021, tandis que la croyance en des théories du complot concernant les aliments génétiquement modifiés a conduit le gouvernement de la Zambie à rejeter l'aide alimentaire pendant une famine, alors que trois millions de personnes dans le pays souffraient de la faim. Les théories du complot constituent un obstacle important à l'amélioration de la santé publique, encourageant l'opposition à la vaccination et à la fluoration de l'eau, entre autres, et ont été liées à des épidémies de maladies évitables par la vaccination. Parmi les autres effets des théories du complot, citons la diminution de la confiance dans les preuves scientifiques, la radicalisation et le renforcement idéologique des groupes extrémistes, ainsi que des conséquences négatives pour l'économie.

Les théories du complot, autrefois limitées à des publics marginaux, sont devenues monnaie courante dans les médias de masse, sur Internet et dans les médias sociaux, et sont devenues un phénomène culturel de la fin du XXe siècle et du début du XXIe siècle. Elles sont répandues dans le monde entier et font souvent l'objet de croyances communes, certaines étant même partagées par la majorité de la population. Les interventions visant à réduire l'occurrence des croyances conspirationnistes comprennent le maintien d'une société ouverte et l'amélioration des capacités de réflexion analytique du grand public.

Étymologie et usage

L'*Oxford English Dictionary* définit la *théorie du complot* comme "la théorie selon laquelle un événement ou un phénomène est le résultat d'une conspiration entre des parties intéressées ; *la* croyance qu'une agence secrète mais influente (généralement de motivation politique et d'intention oppressive) est responsable d'un événement inexpliqué". Il cite un article paru en 1909 dans *The American Historical Review* comme l'exemple d'utilisation le plus ancien, bien qu'il soit également apparu dans la presse plusieurs décennies auparavant.

La première utilisation connue est celle de l'auteur américain Charles Astor Bristed, dans une lettre à l'éditeur publiée dans le *New York Times* le 11 janvier 1863. Il l'a utilisé pour faire référence aux affirmations selon lesquelles les aristocrates britanniques affaiblissaient intentionnellement les États-Unis pendant la guerre civile américaine afin de promouvoir leurs intérêts financiers.

L'Angleterre a bien assez à faire en Europe et en Asie, sans se mêler de l'Amérique. C'était une impossibilité physique et morale qu'elle puisse mener une conspiration gigantesque contre nous. Mais nos masses, n'ayant qu'une connaissance générale approximative des affaires étrangères, et exagérant quelque peu, ce qui n'est pas anormal, la place que nous occupons dans le regard du monde, n'apprécient pas les complications qui ont rendu impossible une telle conspiration. Elles ne voient que le brusque mouvement de retournement de la presse et du public anglais, qui s'explique le plus facilement par la *théorie de la conspiration*.

Le mot "conspiration" dérive du latin *con-* ("avec, ensemble") et *spirare* ("respirer").

Robert Blaskiewicz indique que des exemples de ce terme ont été utilisés dès le XIXe siècle et affirme que son usage a toujours été péjoratif. Selon une étude d'Andrew McKenzie-McHarg, en revanche, au XIXe siècle, l'expression *"théorie du complot"* "suggère simplement un postulat plausible d'une conspiration" et "ne comportait, à ce stade, aucune connotation, ni négative ni positive", même si un postulat ainsi qualifié était parfois critiqué. L'expression "théorie du complot" fait elle-même l'objet d'une théorie du complot, qui prétend que le terme a été popularisé par la CIA afin de discréditer les adeptes du complot, notamment les critiques de la Commission Warren, en faisant d'eux une cible de ridicule. Dans son livre de 2013 *Conspiracy Theory in America*, le politologue Lance deHaven-Smith a suggéré que le terme est entré dans le langage courant aux États-Unis après 1964, année où la Commission Warren a publié ses conclusions sur l'assassinat de Kennedy, le *New York Times ayant* publié cette année-là cinq articles utilisant le terme. Cependant, la suggestion de deHaven-Smith a été critiquée par Michael Butter, professeur d'histoire littéraire et culturelle américaine à l'université de Tübingen, au motif qu'un document de la CIA auquel deHaven-Smith se réfère, *Concerning Criticism of the Warren Report*, qui a été rendu public en 1976 après une demande au titre du Freedom of Information Act, ne contient pas l'expression "théorie du complot" au singulier, et ne mentionne les "théories du complot" qu'une seule fois, dans la phrase "Les théories du complot ont fréquemment jeté la suspicion sur notre organisation [*sic*], par exemple en alléguant à tort que Lee Harvey Oswald travaillait pour nous."

Différence avec la conspiration

Une théorie du complot ne concerne pas simplement une conspiration, qui fait référence à tout plan secret impliquant deux personnes ou plus. En revanche, le terme "théorie du complot" fait référence à des conspirations *hypothétiques* qui présentent des caractéristiques spécifiques. Par exemple, les croyances conspirationnistes s'opposent invariablement au consensus général parmi les personnes qui sont qualifiées pour évaluer leur exactitude, comme les scientifiques ou les historiens. Les théoriciens du complot se considèrent comme ayant un accès privilégié à des connaissances socialement persécutées ou à un mode de pensée stigmatisé qui les sépare des masses qui croient le récit officiel. Michael Barkun décrit une théorie du complot comme un "modèle imposé au monde pour donner l'apparence d'un ordre aux événements".

Les véritables conspirations, même très simples, sont difficiles à dissimuler et connaissent régulièrement des problèmes inattendus. En revanche, les théories de la conspiration suggèrent que les conspirations connaissent un succès irréaliste et que des groupes de conspirateurs, comme les bureaucraties, peuvent agir avec une compétence et un secret quasi parfaits. Les causes des événements ou des situations sont simplifiées afin d'exclure les facteurs complexes ou en interaction, ainsi que le rôle du hasard et des conséquences involontaires. Presque toutes les observations sont expliquées comme ayant été délibérément planifiées par les conspirateurs présumés.

Dans les théories de la conspiration, on prétend généralement que les conspirateurs agissent avec une extrême malice. Comme décrit par Robert Brotherton :

L'intention malveillante supposée par la plupart des théories de la conspiration va bien au-delà des complots ordinaires nés de l'intérêt personnel, de la corruption, de la cruauté et de la criminalité. Les conspirateurs présumés ne sont pas simplement des personnes ayant des intentions égoïstes ou des valeurs différentes. Les théories du complot postulent plutôt un monde en noir et blanc dans lequel le bien lutte contre le mal. Le grand public est présenté comme la victime d'une persécution organisée, et les motivations des prétendus conspirateurs frôlent souvent le mal maniaque pur. Au minimum, les conspirateurs sont réputés avoir un mépris presque inhumain pour la liberté fondamentale et le bien-être de la population en général. Des théories de conspiration plus grandioses dépeignent les conspirateurs comme étant le Mal incarné : ils seraient à l'origine de tous les maux dont nous souffrons, commettraient régulièrement des actes abominables d'une cruauté impensable et chercheraient finalement à renverser ou à détruire tout ce qui nous est cher.

Exemples

Une théorie du complot peut avoir pour sujet n'importe quel élément, mais certains sujets suscitent plus d'intérêt que d'autres. Les sujets préférés sont les décès et les assassinats célèbres, les activités gouvernementales moralement douteuses, les technologies supprimées et le terrorisme "sous faux drapeau". Parmi les théories du complot les plus anciennes et les plus largement reconnues, on trouve des notions concernant l'assassinat de John F. Kennedy, l'alunissage d'Apollo en 1969 et les attaques terroristes du 11 septembre 2001, ainsi que de nombreuses théories relatives à de prétendus complots pour la domination du monde par divers groupes, réels ou imaginaires.

Popularité

Les croyances en matière de conspiration sont répandues dans le monde entier. Dans les zones rurales d'Afrique, les élites de la société, les tribus ennemies et le monde occidental sont les cibles habituelles des théories du complot, les conspirateurs étant souvent accusés de mettre leurs plans à exécution par le biais de la sorcellerie ; selon une croyance courante, la technologie moderne serait elle-même une forme de sorcellerie, créée dans le but de nuire à la population ou de la contrôler. En Chine, une théorie du complot largement publiée prétend qu'un certain nombre d'événements, dont la montée d'Hitler, la crise financière asiatique de 1997 et le changement climatique, ont été planifiés par la famille Rothschild, ce qui pourrait avoir eu des effets sur les discussions concernant la politique monétaire de la Chine.

Les théories du complot, autrefois limitées à des publics marginaux, sont devenues monnaie courante dans les médias de masse, contribuant à l'émergence du conspirationnisme comme phénomène culturel aux États-Unis à la fin du XXe siècle et au début du XXIe siècle. La prédisposition générale à croire aux théories du complot transcende les lignes partisanes et idéologiques. La pensée conspirationniste est corrélée à des orientations anti-gouvernementales et à un faible sentiment d'efficacité politique, les adeptes de la conspiration percevant une menace gouvernementale pour les droits individuels et affichant un profond scepticisme quant à l'importance réelle de la personne pour laquelle on vote.

Les théories du complot font souvent l'objet d'une croyance commune, certaines étant même soutenues par la majorité de la population. Un large échantillon d'Américains accorde aujourd'hui du crédit à au moins certaines théories du complot. Par exemple, une étude menée en 2016 a révélé que 10% des Américains pensent que la théorie du complot des chemtrails est "complètement vraie" et 20 à 30% pensent qu'elle est "plutôt vraie". Cela place "l'équivalent de 120 millions d'Américains dans le camp des 'chemtrails sont réels'". La croyance aux théories du complot est donc devenue un sujet d'intérêt pour les sociologues, les psychologues et les experts en folklore.

Les théories du complot sont largement présentes sur le Web sous la forme de blogs et de vidéos YouTube, ainsi que sur les médias sociaux. La question de savoir si le Web a augmenté ou non la prévalence des théories du complot est une question de recherche ouverte. La présence et la représentation des théories du complot dans les résultats des moteurs de recherche ont fait l'objet d'un suivi et d'une étude, montrant une variation significative entre les différents sujets, et une absence générale de liens réputés et de qualité dans les résultats.

Une théorie du complot qui s'est propagée tout au long du mandat de l'ancien président américain Barack Obama prétendait qu'il était né au Kenya, et non à Hawaï où il est réellement né. L'ancien gouverneur de l'Arkansas et adversaire politique d'Obama, Mike Huckabee, a fait les gros titres en 2011 lorsque, parmi d'autres membres de la direction du parti républicain, il a continué à mettre en doute le statut de citoyen d'Obama.

Types

Une théorie du complot peut être locale ou internationale, se concentrer sur des événements uniques ou couvrir de multiples incidents et des pays, régions et périodes entières de l'histoire. Selon Ruseell Muirhead et Nancy Rosenblum, historiquement, le conspirationnisme traditionnel implique une "théorie", mais au fil du temps, "conspiration" et "théorie" se sont dissociés, le conspirationnisme moderne étant souvent dépourvu de toute forme de théorie.

Les cinq types de Walker

Jesse Walker (2013) a identifié cinq types de théories du complot :

- L'"Ennemi extérieur" fait référence aux théories fondées sur des personnages qui comploteraient de l'extérieur contre une communauté.

- L'"Ennemi intérieur" montre que les conspirateurs se cachent à l'intérieur de la nation, sans se distinguer des citoyens ordinaires.

- L'"ennemi d'en haut" implique des personnes puissantes qui manipulent les événements pour leur propre bénéfice.

- L'"Ennemi d'en bas" met en scène les classes inférieures qui s'efforcent de renverser l'ordre social.

- Les "Conspirations bienveillantes" sont des forces angéliques qui travaillent en coulisse pour améliorer le monde et aider les gens.

Les trois types de Barkun

Michael Barkun a identifié trois classifications de la théorie du complot :

- *Théories de la conspiration événementielle*. Il s'agit d'événements limités et bien définis. On peut citer comme exemple les théories de la conspiration concernant l'assassinat de Kennedy, le 11 septembre et la propagation du sida.

- *Théories de conspiration systémique*. La conspiration est censée avoir de vastes objectifs, généralement conçus pour assurer le contrôle d'un pays, d'une région, voire du monde entier. Les objectifs sont vastes, tandis que le mécanisme de la conspiration est généralement simple : une organisation unique et maléfique met en œuvre un plan pour infiltrer et subvertir les institutions existantes. C'est un scénario courant dans les théories du complot qui se concentrent sur les prétendues machinations des Juifs, des francs-maçons, du communisme ou de l'Église catholique.

- *Les théories de superconspirations.* Pour Barkun, ces théories relient de multiples conspirations présumées de manière hiérarchique. Au sommet se trouve une force maléfique lointaine mais toute-puissante. Les exemples qu'il cite sont les idées de David Icke et de Milton William Cooper.

Rothbard : superficiel vs. profond

Murray Rothbard plaide en faveur d'un modèle qui oppose les théories du complot "profondes" aux théories "superficielles". Selon Rothbard, un théoricien "superficiel" observe un événement et demande *Cui bono* ? ("Qui en profite ?"), et en conclut qu'un bénéficiaire supposé est responsable de l'influence secrète exercée sur les événements. En revanche, le théoricien de la conspiration "profonde" commence par une intuition et cherche ensuite des preuves. Rothbard décrit cette dernière activité comme consistant à confirmer par des faits certains sa paranoïa initiale.

Manque de preuves

La croyance dans les théories du complot ne repose généralement pas sur des preuves, mais sur la foi du croyant. Noam Chomsky oppose la théorie du complot à l'analyse institutionnelle, qui se concentre principalement sur le comportement public à long terme d'institutions connues du public, tel qu'il est enregistré, par exemple, dans des documents savants ou des rapports des médias grand public. À l'inverse, la théorie du complot postule l'existence de coalitions secrètes d'individus et spécule sur leurs activités présumées. La croyance dans les théories du complot est associée à des biais de raisonnement, comme le sophisme de la conjonction.

Clare Birchall, du King's College de Londres, décrit la théorie du complot comme une "forme de connaissance ou d'interprétation populaire". L'utilisation du mot "connaissance" suggère que la théorie du complot peut être considérée par rapport aux modes légitimes de connaissance. Selon Birchall, la relation entre la connaissance légitime et illégitime est plus étroite que ne le prétendent les détracteurs habituels de la théorie du complot.

Les théories impliquant de multiples conspirateurs qui s'avèrent exactes, comme le scandale du Watergate, sont généralement qualifiées de "journalisme d'investigation" ou d'"analyse historique" plutôt que de théorie du complot. En revanche, l'expression "théorie de la conspiration du Watergate" est utilisée pour désigner une variété d'hypothèses dans lesquelles les personnes condamnées dans le cadre de la conspiration étaient en fait les victimes d'une conspiration plus profonde. Il existe également des tentatives d'analyse de la théorie des conspirations (théorie de la conspiration) pour s'assurer que le terme "théorie de la conspiration" est utilisé pour faire référence à des récits qui ont été démystifiés par des experts, plutôt que comme un rejet généralisé.

Rhétorique

La rhétorique de la théorie du complot exploite plusieurs biais cognitifs importants, notamment le biais de proportionnalité, le biais d'attribution et le biais de confirmation. Leurs arguments prennent souvent la forme de questions raisonnables, mais sans fournir de réponse fondée sur des preuves solides. Les théories du complot ont le plus de succès lorsque leurs promoteurs peuvent rassembler des adeptes parmi le grand public, comme dans la politique, la religion et le journalisme. Ces partisans ne croient pas nécessairement à la théorie du complot ; ils peuvent simplement l'utiliser pour tenter d'obtenir l'approbation du public. Les affirmations conspirationnistes peuvent constituer une stratégie rhétorique efficace pour convaincre une partie du public en faisant appel à l'émotion.

Les théories du complot se justifient généralement en mettant l'accent sur les lacunes ou les ambiguïtés des connaissances, puis en affirmant que la véritable explication doit être une conspiration. En revanche, les preuves qui soutiennent directement leurs affirmations sont généralement de faible qualité. Par exemple, les théories du complot dépendent souvent des témoignages oculaires, malgré leur manque de fiabilité, tout en ignorant les analyses objectives des preuves.

Les théories du complot ne peuvent être falsifiées et sont renforcées par des arguments fallacieux. En particulier, le raisonnement circulaire est utilisé par les théoriciens de la conspiration : les preuves contre la conspiration et l'absence de preuves en sa faveur sont réinterprétées comme des preuves de sa vérité, la conspiration devenant ainsi une question de foi plutôt que quelque chose qui peut être prouvé ou réfuté. La stratégie épistémique des théories du complot a été appelée "logique en cascade" : chaque fois qu'une nouvelle preuve devient disponible, une théorie du complot est capable de l'écarter en affirmant qu'un nombre encore plus grand de personnes doivent faire partie de la dissimulation. Toute information qui contredit la théorie du complot est suggérée comme étant de la désinformation par la prétendue conspiration. De même, l'absence continue de preuves soutenant directement les affirmations des conspirationnistes est présentée comme confirmant l'existence d'une conspiration du silence ; le fait que d'autres personnes n'aient pas découvert ou exposé une conspiration est considéré comme la preuve que ces personnes font partie du complot, plutôt que de considérer que c'est peut-être parce qu'il n'y a pas de conspiration. Cette stratégie permet aux théories du complot de s'isoler des analyses neutres des preuves, et les rend résistantes à la remise en question ou à la correction, ce que l'on appelle "l'auto-insulation épistémique".

Les théoriciens du complot profitent souvent d'un faux équilibre dans les médias. Ils peuvent prétendre présenter un point de vue alternatif légitime qui mérite un temps égal pour défendre son point de vue ; par exemple, cette stratégie a été utilisée par la campagne Teach the Controversy pour promouvoir le dessein intelligent, qui prétend souvent qu'il existe une conspiration de scientifiques supprimant leurs points de vue. S'ils parviennent à trouver une plate-forme pour présenter leur point de vue dans le cadre d'un débat, ils se concentrent sur l'utilisation d'*ad hominems* rhétoriques et sur l'attaque des failles perçues dans le récit du courant dominant, tout en évitant toute discussion sur les lacunes de leur propre position.

L'approche typique des théories du complot consiste à contester toute action ou déclaration des autorités, en utilisant même les justifications les plus ténues. Les réponses sont ensuite évaluées selon une double norme, où le fait de ne pas fournir une réponse immédiate à la satisfaction du théoricien de la conspiration sera considéré comme la preuve d'une conspiration. Toute erreur mineure dans la réponse est fortement soulignée, tandis que les lacunes dans les arguments des autres partisans sont généralement excusées.

En science, les conspirationnistes peuvent suggérer qu'une théorie scientifique peut être réfutée par une seule déficience perçue, même si de tels événements sont extrêmement rares. En outre, le fait d'ignorer les affirmations et de tenter d'y répondre sera interprété comme la preuve d'une conspiration. D'autres arguments conspirationnistes peuvent ne pas être scientifiques ; par exemple, en réponse au deuxième rapport d'évaluation du GIEC en 1996, une grande partie de l'opposition s'est concentrée sur la promotion d'une objection procédurale à la création du rapport. Plus précisément, il a été affirmé qu'une partie de la procédure était le reflet d'une conspiration visant à faire taire les dissidents, ce qui a servi de motivation aux opposants au rapport et a permis de détourner une grande partie du débat public de la science.

Conséquences

Historiquement, les théories du complot ont été étroitement liées aux préjugés, aux chasses aux sorcières, aux guerres et aux génocides. Les auteurs d'attaques terroristes y croient souvent fermement, et Timothy McVeigh, Anders Breivik et Brenton Tarrant s'en sont servis comme justification, de même que des gouvernements tels que l'Allemagne nazie et l'Union soviétique. Le déni du sida par le gouvernement sud-africain, motivé par des théories du complot, a causé environ 330 000 décès dus au sida, tandis que la croyance en des théories du complot concernant les aliments génétiquement modifiés a conduit le gouvernement zambien à rejeter l'aide alimentaire pendant une famine, alors que 3 millions de personnes dans le pays souffraient de la faim.

Les théories du complot constituent un obstacle important à l'amélioration de la santé publique. Les personnes qui croient en des théories du complot liées à la santé sont moins susceptibles de suivre les conseils médicaux, et plus susceptibles de recourir à la médecine alternative à la place. Les croyances conspirationnistes anti-vaccination, telles que les théories de conspiration sur les entreprises pharmaceutiques, peuvent entraîner une réduction des taux de vaccination et ont été liées à des épidémies de maladies évitables par la vaccination. Les théories de conspiration liées à la santé inspirent souvent la résistance à la fluoration de l'eau et ont contribué à l'impact de la fraude du Lancet sur le ROR et l'autisme.

Les théories du complot sont une composante fondamentale d'un large éventail de groupes radicalisés et extrémistes, où elles peuvent jouer un rôle important en renforçant l'idéologie et la psychologie de leurs membres et en radicalisant davantage leurs croyances. Ces théories du complot partagent souvent des thèmes communs, même entre des groupes qui seraient autrement fondamentalement opposés, comme les théories du complot antisémites que l'on retrouve chez les extrémistes politiques d'extrême droite et d'extrême gauche. Plus généralement, la croyance dans les théories du complot est associée à des points de vue extrêmes et intransigeants, et peut aider les gens à maintenir ces points de vue. Bien que les théories du complot ne soient pas toujours présentes dans les groupes extrémistes, et qu'elles ne conduisent pas toujours à la violence lorsqu'elles le sont, elles peuvent rendre le groupe plus extrême, fournir un ennemi vers lequel diriger la haine, et isoler les membres du reste de la société. Les théories du complot sont les plus susceptibles d'inspirer la violence lorsqu'elles appelent à une action urgente, font appel aux préjugés ou diabolisent les ennemis et en font des boucs émissaires.

La théorie du complot sur le lieu de travail peut également avoir des conséquences économiques. Par exemple, elle entraîne une baisse de la satisfaction au travail et de l'engagement, ce qui fait que les travailleurs sont plus susceptibles de quitter leur emploi. Des comparaisons ont également été faites avec les effets des rumeurs sur le lieu de travail, qui partagent certaines caractéristiques avec les théories du complot et entraînent à la fois une baisse de la productivité et une augmentation du stress. Les effets subséquents sur les gestionnaires comprennent une réduction des profits, une diminution de la confiance des employés et une détérioration de l'image de l'entreprise.

Les théories du complot peuvent détourner l'attention de questions sociales, politiques et scientifiques importantes. En outre, elles ont été utilisées pour discréditer des preuves scientifiques auprès du grand public ou dans un contexte juridique. Les stratégies conspirationnistes partagent également des caractéristiques avec celles utilisées par les avocats qui tentent de discréditer les témoignages d'experts, par exemple en prétendant que les experts ont des arrière-pensées en témoignant, ou en essayant de trouver quelqu'un qui fera des déclarations pour laisser entendre que l'opinion des experts est plus partagée qu'elle ne l'est en réalité.

Il est possible que les théories du complot puissent également produire certains avantages compensatoires pour la société dans certaines situations. Par exemple, elles peuvent aider les gens à identifier les tromperies gouvernementales, en particulier dans les sociétés répressives, et encourager la transparence du gouvernement. Cependant, les véritables conspirations sont normalement révélées par des personnes travaillant au sein du système, comme les dénonciateurs et les journalistes, et la plupart des efforts déployés par les théoriciens de la conspiration sont intrinsèquement mal orientés. Les théories du complot les plus dangereuses sont probablement celles qui incitent à la violence, désignent des groupes défavorisés comme boucs émissaires ou diffusent des informations erronées sur d'importants problèmes de société.

Interventions

La principale défense contre les théories du complot consiste à maintenir une société ouverte, dans laquelle de nombreuses sources d'informations fiables sont disponibles, et où les sources gouvernementales sont connues pour être crédibles plutôt que propagandistes. En outre, les organisations non gouvernementales indépendantes sont en mesure de corriger les fausses informations sans que les gens aient à faire confiance au gouvernement. D'autres approches visant à réduire l'attrait des théories du complot en général auprès du public peuvent se fonder sur la nature émotionnelle et sociale des croyances conspirationnistes. Par exemple, les interventions qui encouragent la pensée analytique dans le grand public sont susceptibles d'être efficaces. Une autre approche consiste à intervenir de manière à diminuer les émotions négatives, et plus particulièrement à améliorer les sentiments d'espoir personnel et d'autonomisation.

Joseph Pierre a également noté que la méfiance à l'égard des institutions faisant autorité est l'élément central de nombreuses théories du complot et que cette méfiance crée un vide épistémique et rend les individus en quête de réponses vulnérables à la désinformation. Par conséquent, une solution possible est d'offrir aux consommateurs un siège à la table pour réparer leur méfiance envers les institutions. En ce qui concerne les défis de cette approche, le Dr Pierre a déclaré : "La difficulté de reconnaître les zones d'incertitude dans une sphère publique est que cela peut être utilisé comme une arme pour renforcer une vision du monde post-vérité dans laquelle tout est discutable et toute contre-position est tout aussi valable. Bien que j'aime me considérer comme une personne du milieu de la route, il est important de garder à l'esprit que la vérité ne se trouve pas toujours au milieu d'un débat, qu'il s'agisse du changement climatique, des vaccins ou des médicaments antipsychotiques."

Il a été suggéré que le fait de contrer directement la désinformation peut être contre-productif. Par exemple, étant donné que les théories du complot peuvent réinterpréter des informations non confirmées dans le cadre de leur récit, réfuter une affirmation peut aboutir à la renforcer accidentellement. En outre, la publication de critiques des théories du complot peut aboutir à leur légitimation. Dans ce contexte, les interventions possibles consistent à sélectionner soigneusement les théories du complot à réfuter, à demander des analyses supplémentaires à des observateurs indépendants et à introduire une diversité cognitive dans les communautés conspirationnistes en sapant leur épistémologie médiocre. Tout effet de légitimation pourrait également être réduit en répondant à davantage de théories du complot plutôt qu'à moins.

Cependant, il a été démontré que le fait de présenter aux gens des corrections factuelles, ou de mettre en évidence les contradictions logiques des théories du complot, a un effet positif dans de nombreuses circonstances. Par exemple, cela a été étudié dans le cas de l'information des croyants aux théories du complot du 11 septembre sur les déclarations d'experts et de témoins réels. L'une des possibilités est que la critique a plus de chances de se retourner contre quelqu'un si elle remet en question sa vision du monde ou son identité. Cela suggère qu'une approche efficace pourrait consister à formuler des critiques tout en évitant de telles remises en question.

Psychologie

La croyance répandue dans les théories du complot est devenue un sujet d'intérêt pour les sociologues, les psychologues et les experts en folklore depuis au moins les années 1960, lorsque plusieurs théories du complot ont vu le jour concernant l'assassinat du président américain John F. Kennedy. Le sociologue Türkay Salim Nefes souligne la nature politique des théories du complot. Il suggère que l'une des caractéristiques les plus importantes de ces récits est leur tentative de dévoiler les relations de pouvoir "réelles mais cachées" dans les groupes sociaux. Le terme "conspirationnisme" a été popularisé par l'universitaire Frank P. Mintz dans les années 1980. Selon Mintz, le conspiratisme désigne "la croyance en la primauté des conspirations dans le déroulement de l'histoire" :[4]

"Le conspirationnisme répond aux besoins de divers groupes politiques et sociaux en Amérique et ailleurs. Il identifie les élites, les rend responsables des catastrophes économiques et sociales, et suppose que les choses iront mieux lorsque l'action populaire pourra les écarter des positions de pouvoir. En tant que telles, les théories du complot ne sont pas typiques d'une époque ou d'une idéologie particulière."[199]

La recherche suggère que, sur le plan psychologique, l'**idéation conspirationniste - la croyance** dans les théories du complot - peut être nuisible ou pathologique, et qu'elle est fortement corrélée à la projection psychologique, ainsi qu'à la paranoïa, qui est prédite par le degré de machiavélisme d'une personne. La propension à croire aux théories du complot est fortement associée à la schizotypie, un trouble de la santé mentale. Les théories du complot, autrefois limitées à des publics marginaux, sont devenues monnaie courante dans les médias de masse, émergeant comme un phénomène culturel de la fin du XXe siècle et du début du XXIe siècle. L'exposition aux théories du complot dans les médias d'information et les divertissements populaires accroît la réceptivité aux idées conspirationnistes, et a également augmenté l'acceptabilité sociale des croyances marginales.

Les théories du complot font souvent appel à des arguments compliqués et détaillés, y compris des arguments qui semblent analytiques ou scientifiques. Cependant, la croyance dans les théories du complot est principalement motivée par l'émotion. L'un des faits les plus largement confirmés concernant les théories du complot est que la croyance en une seule théorie du complot tend à favoriser la croyance en d'autres théories du complot sans rapport avec celle-ci. Cela s'applique même lorsque les théories du complot se contredisent directement, par exemple, le fait de croire qu'Oussama ben Laden était déjà mort avant l'attaque de son complexe au Pakistan rend la même personne plus susceptible de croire qu'il est toujours en vie. Une conclusion de ce constat est que le contenu d'une croyance conspirationniste est moins important que l'idée d'une dissimulation par les autorités. La pensée analytique contribue à réduire la croyance dans les théories du complot, en partie parce qu'elle met l'accent sur la cognition rationnelle et critique.

Certains chercheurs en psychologie affirment que les explications liées aux théories du complot peuvent être, et sont souvent, "cohérentes sur le plan interne" avec les croyances fortes qui existaient avant l'événement qui a déclenché le complot. Les personnes qui croient aux théories de la conspiration ont tendance à croire à d'autres affirmations non fondées - notamment les pseudo-sciences et les phénomènes paranormaux.

Attractions

Les motifs psychologiques de la croyance dans les théories du complot peuvent être classés comme épistémiques, existentiels ou sociaux. Ces motifs sont particulièrement aigus chez les populations vulnérables et défavorisées. Cependant, il ne semble pas que les croyances aident à répondre à ces motifs ; en fait, elles peuvent être autodestructrices et aggraver la situation. Par exemple, si les croyances conspirationnistes peuvent résulter d'un sentiment d'impuissance perçu, l'exposition aux théories du complot supprime immédiatement les sentiments personnels d'autonomie et de contrôle. En outre, elles rendent les gens moins susceptibles de prendre des mesures qui pourraient améliorer leur situation.

Cette affirmation est en outre étayée par le fait que les théories du complot présentent un certain nombre d'attributs désavantageux. Par exemple, elles encouragent une vision négative et méfiante des autres personnes et groupes, qui agiraient selon des motivations antisociales et cyniques. Cela devrait conduire à une aliénation et une anomie accrues, ainsi qu'à une réduction du capital social. De même, elles dépeignent le public comme ignorant et impuissant face aux conspirateurs présumés, des aspects importants de la société étant déterminés par des forces malveillantes, un point de vue qui risque d'être déresponsabilisant.

Chaque personne peut adhérer aux théories du complot pour l'une des nombreuses raisons différentes. Les caractéristiques les plus systématiquement démontrées chez les personnes qui trouvent les théories du complot attrayantes sont un sentiment d'aliénation, de mécontentement ou d'insatisfaction par rapport à leur situation, une vision du monde non conventionnelle et un sentiment de déresponsabilisation. Si divers aspects de la personnalité influent sur la susceptibilité aux théories du complot, aucun des cinq grands traits de personnalité n'est associé aux croyances en la conspiration.

Le politologue Michael Barkun, discutant de l'utilisation de la "théorie de la conspiration" dans la culture américaine contemporaine, soutient que ce terme est utilisé pour une croyance qui explique un événement comme étant le résultat d'un complot secret de conspirateurs exceptionnellement puissants et rusés pour atteindre une fin malveillante. Selon Barkun, l'attrait du conspirationnisme est triple :

- Premièrement, les théories de la conspiration prétendent expliquer ce que l'analyse institutionnelle ne peut pas faire. Elles semblent donner un sens à un monde qui est autrement confus.

- Deuxièmement, ils le font d'une manière simple et attrayante, en divisant le monde entre les forces de la lumière et les forces des ténèbres. Ils font remonter tout le mal à une source unique, les conspirateurs et leurs agents.

- Troisièmement, les théories du complot sont souvent présentées comme des connaissances spéciales, secrètes, inconnues ou non appréciées par les autres. Pour les théoriciens de la conspiration, les masses sont un troupeau soumis à un lavage de cerveau, tandis que les théoriciens de la conspiration bien informés peuvent se féliciter d'avoir percé les tromperies des comploteurs."

Ce troisième point est soutenu par les recherches de Roland Imhoff, professeur de psychologie sociale à l'université Johannes Gutenberg de Mayence. La recherche suggère que plus la minorité croyant en une théorie spécifique est petite, plus elle est attrayante pour les théoriciens de la conspiration.

Les psychologues humanistes affirment que même si la cabale présumée à l'origine d'une conspiration présumée est presque toujours perçue comme hostile, il reste souvent un élément de réconfort pour les théoriciens. En effet, il est réconfortant d'imaginer que les difficultés dans les affaires humaines sont créées par les humains et restent sous leur contrôle. Si une cabale peut être impliquée, il peut y avoir un espoir de briser son pouvoir ou de la rejoindre. La croyance en la puissance d'une cabale est une affirmation implicite de la dignité humaine - une affirmation inconsciente que l'homme est responsable de son propre destin.

Les gens formulent des théories du complot pour expliquer, par exemple, les relations de pouvoir dans les groupes sociaux et l'existence perçue de forces maléfiques. Les origines psychologiques proposées de la théorie du complot comprennent la projection, le besoin personnel d'expliquer "un événement important [avec] une cause importante" et le produit de divers types et stades de troubles de la pensée, tels que la disposition paranoïaque, dont la gravité peut aller jusqu'à des maladies mentales diagnostiquées. Certaines personnes préfèrent les explications sociopolitiques à l'insécurité liée à la rencontre d'événements aléatoires, imprévisibles ou autrement inexplicables.

Selon Berlet et Lyons, "le conspirationnisme est une forme narrative particulière de désignation de boucs émissaires qui présente les ennemis diabolisés comme faisant partie d'un vaste complot insidieux contre le bien commun, tout en valorisant le bouc émissaire comme un héros pour avoir tiré la sonnette d'alarme".

Origines

Certains psychologues pensent qu'une recherche de sens est courante dans le conspirationnisme. Une fois la théorie connue, le biais de confirmation et l'évitement de la dissonance cognitive peuvent renforcer la croyance. Dans un contexte où une théorie du complot est ancrée dans un groupe social, le renforcement communautaire peut également jouer un rôle.

L'enquête sur les motifs possibles de l'acceptation des théories irrationnelles du complot a établi un lien entre ces croyances et la détresse résultant d'un événement qui s'est produit, comme les événements du 11 septembre. En outre, des recherches menées par la Manchester Metropolitan University suggèrent que "l'idéation délirante" est la condition la plus probable qui indiquerait une croyance élevée dans les théories du complot. Des études montrent également qu'un attachement accru à ces croyances irrationnelles entraîne une diminution du désir d'engagement civique. La croyance dans les théories du complot est corrélée à une faible intelligence, à une pensée analytique plus faible, à des troubles anxieux, à la paranoïa et à des croyances autoritaires.

Le professeur Quassim Cassam soutient que les théoriciens du complot tiennent leurs croyances en raison de défauts dans leur pensée et, plus précisément, dans leur caractère intellectuel. Il cite la philosophe Linda Trinkaus Zagzebski et son livre *Virtues of the Mind* pour décrire les vertus intellectuelles (telles que l'humilité, la prudence et l'attention) et les vices intellectuels (tels que la crédulité, la négligence et la fermeture d'esprit). Alors que les vertus intellectuelles aident à réaliser un examen solide, les vices intellectuels "empêchent une enquête efficace et responsable", ce qui signifie que ceux qui sont enclins à croire aux théories du complot possèdent certains vices tout en manquant des vertus nécessaires.

Certains chercheurs ont suggéré que les théories du complot pourraient être partiellement causées par des mécanismes psychologiques que le cerveau humain possède pour détecter les coalitions dangereuses. Un tel mécanisme aurait pu être utile dans l'environnement à petite échelle dans lequel l'humanité a évolué, mais il n'est pas adapté à la société moderne et complexe et, de ce fait, il "se trompe", percevant des conspirations là où il n'y en a pas.

Projection

Certains historiens ont affirmé que la projection psychologique est répandue chez les théoriciens de la conspiration. Cette projection, selon l'argument, se manifeste sous la forme de l'attribution de caractéristiques indésirables de soi aux conspirateurs. L'historien Richard Hofstadter a déclaré que :

Cet ennemi semble à bien des égards être une projection du moi ; les aspects idéaux et inacceptables du moi lui sont attribués. Un paradoxe fondamental du style paranoïaque est l'imitation de l'ennemi. L'ennemi, par exemple, peut être l'intellectuel cosmopolite, mais le paranoïaque le surpassera dans l'appareil de l'érudition, voire de la pédanterie. ... Le Ku Klux Klan a imité le catholicisme au point de revêtir des habits sacerdotaux, de développer un rituel élaboré et une hiérarchie tout aussi élaborée. La John Birch Society imite les cellules communistes et les opérations quasi-secrètes par le biais de groupes "de façade", et prêche une poursuite impitoyable de la guerre idéologique selon des lignes très similaires à celles qu'elle trouve chez l'ennemi communiste. Les porte-parole des diverses "croisades" fondamentalistes anticommunistes expriment ouvertement leur admiration pour le dévouement, la discipline et l'ingéniosité stratégique qu'exige la cause communiste.

Hofstadter a également noté que la "liberté sexuelle" est un vice fréquemment attribué au groupe cible des conspirationnistes, notant que "très souvent, les fantasmes des vrais croyants révèlent de forts débouchés sadomasochistes, exprimés de manière vivante, par exemple, dans le plaisir des antimaçons devant la cruauté des punitions maçonniques."

Sociologie

Outre les facteurs psychologiques tels que l'idéation conspirationniste, des facteurs sociologiques permettent également d'expliquer qui croit à quelles théories du complot. Par exemple, ces théories ont tendance à se répandre parmi les perdants des élections dans la société, et l'importance accordée aux théories du complot par les élites et les dirigeants tend à accroître la croyance parmi les adeptes qui ont des niveaux plus élevés de pensée conspirationniste.

Christopher Hitchens a décrit les théories du complot comme les "gaz d'échappement de la démocratie" : le résultat inévitable d'une grande quantité d'informations circulant parmi un grand nombre de personnes.

Les théories du complot peuvent être satisfaisantes sur le plan émotionnel, en attribuant la faute à un groupe auquel le théoricien n'appartient pas et en le déchargeant ainsi de toute responsabilité morale ou politique dans la société. De même, Roger Cohen, écrivant pour le *New York Times,* a déclaré que "les esprits captifs [...] ont recours à la théorie du complot parce que c'est le refuge ultime des impuissants. Si vous ne pouvez pas changer votre propre vie, c'est qu'une force supérieure contrôle le monde."

L'historien sociologue Holger Herwig a constaté en étudiant les explications allemandes sur les origines de la Première Guerre mondiale que "les événements les plus importants sont les plus difficiles à comprendre parce qu'ils attirent le plus l'attention des faiseurs de mythes et des charlatans."

Justin Fox, du magazine *Time,* affirme que les traders de Wall Street font partie du groupe de personnes le plus enclin à la conspiration, et attribue cela à la réalité de certaines conspirations sur les marchés financiers, et à la capacité des théories de la conspiration à fournir l'orientation nécessaire dans les mouvements quotidiens du marché.

Influence de la théorie critique

Le sociologue français Bruno Latour suggère que la grande popularité des théories du complot dans la culture de masse peut être due, en partie, à l'omniprésence de la théorie critique d'inspiration marxiste et d'idées similaires dans le monde universitaire depuis les années 1970.

Latour note qu'environ 90 % de la critique sociale contemporaine dans le milieu universitaire présente l'une des deux approches, qu'il appelle "la *position des faits* et la *position des fées*".[237]

- La "position fétichiste" est anti-fétichiste et soutient que les "objets de croyance" (par exemple, la religion, les arts) ne sont que des concepts sur lesquels le pouvoir est projeté ; Latour soutient que ceux qui utilisent cette approche ont tendance à confirmer leurs propres suspicions dogmatiques comme étant les plus "scientifiquement soutenues". Alors que les faits complets de la situation et la méthodologie correcte sont ostensiblement importants pour eux, Latour propose que le processus scientifique soit plutôt présenté comme une patine à leurs théories favorites pour leur donner une sorte de réputation.

- La "position de fait" soutient que des forces extérieures (par exemple, l'économie, le sexe) dominent les individus, souvent de manière cachée et sans qu'ils en aient conscience.

Latour conclut que chacune de ces deux approches dans le milieu universitaire a conduit à une atmosphère polarisée et inefficace mise en évidence (dans les deux approches) par sa causticité. "Voyez-vous maintenant pourquoi il est si agréable d'être un esprit critique ?" demande Latour : quelle que soit la position que vous adoptez, "vous avez toujours raison !".

Latour note que cette critique sociale a été appropriée par ceux qu'il qualifie de théoriciens du complot, notamment les négationnistes du changement climatique et le mouvement des vérités du 11 septembre : "Peut-être que je prends les théories du complot trop au sérieux, mais je suis inquiet de déceler, dans ces mélanges fous d'incrédulité aveugle, de demandes punitives de preuves et d'utilisation libre d'explications puissantes issues du neverland social, beaucoup des armes de la critique sociale."

La paranoïa de la fusion

Michael Kelly, journaliste au *Washington Post* et critique des mouvements anti-guerre de gauche et de droite, a inventé le terme de "paranoïa de fusion" pour désigner une convergence politique des militants de gauche et de droite autour des questions anti-guerre et des libertés civiles, qui, selon lui, sont motivés par une croyance commune dans le conspirationnisme ou des opinions anti-gouvernementales communes.

Barkun a adopté ce terme pour désigner la manière dont la synthèse des théories paranoïaques de la conspiration, qui étaient autrefois limitées à des publics marginaux américains, leur a conféré un attrait de masse et leur a permis de devenir monnaie courante dans les médias de masse, inaugurant ainsi une période inégalée de personnes se préparant activement à des scénarios apocalyptiques ou millénaristes dans les États-Unis de la fin du XXe siècle et du début du XXIe siècle. Barkun note l'apparition de conflits de type "loup solitaire", les forces de l'ordre agissant par procuration pour menacer les pouvoirs politiques établis.

Viabilité

À mesure que les preuves contre la réalité d'une conspiration présumée s'accumulent, le nombre de conspirateurs présumés augmente également dans l'esprit des théoriciens de la conspiration. Cela s'explique par le fait que les conspirateurs présumés ont souvent des intérêts divergents. Par exemple, si le président républicain George W. Bush est prétendument responsable des attaques terroristes du 11 septembre 2001 et que le parti démocrate n'a pas cherché à exposer ce prétendu complot, cela doit signifier que les partis démocrate et républicain sont tous deux complices du prétendu complot. Cela suppose également que les conspirateurs présumés sont si compétents qu'ils peuvent tromper le monde entier, mais si incompétents que les théoriciens de la conspiration peuvent trouver leurs prétendues erreurs qui prouvent la fraude. À un moment donné, le nombre de conspirateurs présumés, combiné aux contradictions entre les intérêts et les compétences des conspirateurs présumés, devient si important que le maintien de la théorie devient un exercice évident d'absurdité.

Le physicien David Robert Grimes a estimé le temps qu'il faudrait pour qu'une conspiration soit dévoilée en fonction du nombre de personnes impliquées. Ses calculs ont utilisé les données du programme de surveillance PRISM, de l'expérience sur la syphilis de Tuskegee et du scandale médico-légal du FBI. Grimes a estimé que :

- Un canular d'alunissage nécessiterait l'implication de 411 000 personnes et serait découvert en 3,68 ans ;

- La fraude au changement climatique nécessiterait un minimum de 29 083 personnes (climatologues publiés uniquement) et serait révélée en 26,77 ans, ou jusqu'à 405 000 personnes, auquel cas elle serait révélée en 3,70 ans ;

- Une conspiration de vaccination nécessiterait un minimum de 22 000 personnes (sans les entreprises pharmaceutiques) et serait exposée dans un délai d'au moins 3,15 ans et d'au plus 34,78 ans selon le nombre de personnes concernées ;

- Une conspiration visant à supprimer un traitement contre le cancer nécessiterait 714 000 personnes et serait découverte en 3,17 ans.

L'étude de Grimes n'a pas pris en compte l'exposition par des sources extérieures à la conspiration présumée. Elle n'a pris en compte que l'exposition provenant de l'intérieur de la conspiration présumée par le biais de dénonciateurs ou par incompétence.

Politique

Le philosophe Karl Popper a décrit le problème central des théories du complot comme une forme d'erreur d'attribution fondamentale, où chaque événement est généralement perçu comme étant intentionnel et planifié, sous-estimant grandement les effets du hasard et des conséquences involontaires. Dans son livre *The Open Society and Its Enemies*, il a utilisé le terme "théorie du complot de la société" pour désigner l'idée que les phénomènes sociaux tels que "la guerre, le chômage, la pauvreté, les pénuries [...] [sont] le résultat d'une conception directe par certains individus et groupes puissants". Popper a affirmé que le totalitarisme était fondé sur des théories de la conspiration qui s'appuient sur des complots imaginaires alimentés par des scénarios paranoïaques fondés sur le tribalisme, le chauvinisme ou le racisme. Il a également noté que les conspirateurs atteignaient très rarement leur objectif.

Historiquement, les conspirations réelles ont généralement eu peu d'effet sur l'histoire et ont eu des conséquences imprévues pour les conspirateurs, contrairement aux théories de la conspiration qui mettent souvent en scène de grandes organisations sinistres ou des événements qui changent le monde, dont les preuves ont été effacées ou obscurcies. Comme le décrit Bruce Cumings, l'histoire est au contraire "mue par les grandes forces et les grandes structures des collectivités humaines".

Moyen-Orient

Les théories du complot sont un trait dominant de la culture et de la politique arabes. Les variantes comprennent des conspirations impliquant le colonialisme, le sionisme, les superpuissances, le pétrole et la guerre contre le terrorisme, qui peut être considérée comme une guerre contre l'Islam. Par exemple, les *Protocoles des Sages de Sion*, un tristement célèbre canular prétendant être un plan juif de domination mondiale, sont couramment lus et promus dans le monde musulman. Roger Cohen a suggéré que la popularité des théories du complot dans le monde arabe est "le refuge ultime des impuissants". Al-Mumin Said a noté le danger de ces théories, car elles "nous éloignent non seulement de la vérité, mais aussi de la confrontation avec nos fautes et nos problèmes".

Oussama ben Laden et Ayman al-Zawahiri ont utilisé des théories de conspiration sur les États-Unis pour obtenir le soutien d'Al-Qaïda dans le monde arabe et pour se distinguer de groupes similaires, même s'ils n'ont pas cru eux-mêmes à ces allégations.

États-Unis

L'historien Richard Hofstadter a abordé le rôle de la paranoïa et du conspirationnisme tout au long de l'histoire des États-Unis dans son essai de 1964 intitulé "The Paranoid Style in American Politics". Le classique de Bernard Bailyn, *The Ideological Origins of the American Revolution* (1967), note qu'un phénomène similaire a pu être observé en Amérique du Nord durant la période précédant la Révolution américaine. Le conspirationnisme qualifie les attitudes des gens ainsi que le type de théories du complot qui sont plus globales et historiques en proportion.

Harry G. West et d'autres ont noté que si les théoriciens de la conspiration sont souvent considérés comme une minorité marginale, certaines preuves suggèrent qu'une grande partie de la population américaine croit aux théories de la conspiration. West compare également ces théories à l'hypernationalisme et au fondamentalisme religieux.

Le théologien Robert Jewett et le philosophe John Shelton Lawrence attribuent la popularité persistante des théories du complot aux États-Unis à la guerre froide, au maccarthysme et au rejet de l'autorité par la contre-culture. Ils affirment que, tant à gauche qu'à droite, il existe toujours une volonté d'utiliser des événements réels, tels que les complots soviétiques, les incohérences du rapport Warren et les attentats du 11 septembre, pour soutenir l'existence de conspirations à grande échelle non vérifiées et en cours.

Le scandale du Watergate a également été utilisé pour conférer une légitimité à d'autres théories de la conspiration, Richard Nixon lui-même ayant déclaré qu'il avait servi de "tache d'encre de Rorschach", invitant les autres à découvrir le motif sous-jacent.

L'historienne Kathryn S. Olmsted cite trois raisons pour lesquelles les Américains sont enclins à croire aux théories des conspirations gouvernementales :

1. Les véritables excès et secrets du gouvernement pendant la guerre froide, comme le Watergate, l'expérience sur la syphilis de Tuskegee, le projet MKUltra et les tentatives d'assassinat de Fidel Castro par la CIA en collaboration avec des mafieux.

2. Précédent établi par les théories de conspiration sanctionnées par le gouvernement officiel pour la propagande, comme les affirmations d'infiltration des États-Unis par les Allemands pendant la Seconde Guerre mondiale ou l'affirmation démentie selon laquelle Saddam Hussein aurait joué un rôle dans les attentats du 11 septembre.

3. Une méfiance entretenue par l'espionnage et le harcèlement des dissidents par le gouvernement, comme la loi sur la sédition de 1918, COINTELPRO, et dans le cadre de diverses peurs rouges.

Alex Jones a fait référence à de nombreuses théories du complot pour convaincre ses partisans de soutenir Ron Paul plutôt que Mitt Romney lors des primaires présidentielles du Parti républicain en 2012 et Donald Trump plutôt qu'Hillary Clinton lors de l'élection présidentielle américaine de 2016. Dans les années 2020, la théorie du complot de QAnon prétend que Trump se bat contre une cabale de l'État profond composée de démocrates abuseurs d'enfants et adorateurs de Satan.

Liste des théories de la conspiration

Voici une **liste de théories du complot** notables. De nombreuses théories du complot portent sur des plans gouvernementaux clandestins et des complots d'assassinat élaborés. Les théories du complot nient généralement le consensus ou ne peuvent être prouvées par la méthode historique ou scientifique, et ne doivent pas être confondues avec les recherches concernant des conspirations vérifiées, telles que la prétention de l'Allemagne à envahir la Pologne pendant la Seconde Guerre mondiale.

En principe, les théories du complot ne sont pas toujours fausses par défaut et leur validité dépend des preuves, comme pour toute théorie. Cependant, elles sont souvent discréditées *a priori* en raison du caractère lourd et improbable de nombre d'entre elles.

Les psychologues attribuent généralement la croyance dans les théories du complot et la découverte d'une conspiration là où il n'y en a pas à un certain nombre de conditions psychopathologiques telles que la paranoïa, la schizotypie, le narcissisme et l'attachement insécure, ou à une forme de biais cognitif appelé "perception de modèles illusoires". Cependant, le consensus scientifique actuel soutient que la plupart des théoriciens du complot ne sont pas pathologiques, précisément parce que leurs croyances reposent en fin de compte sur des tendances cognitives qui sont neurologiquement câblées dans l'espèce humaine et ont probablement des origines évolutionnaires profondes, y compris des inclinations naturelles à l'anxiété et à la détection d'agence.

Aviation

De nombreuses théories du complot ont trait au transport aérien et aux avions. Des incidents tels que l'attentat à la bombe contre le Kashmir Princess en 1955, le crash du vol 1285 d'Arrow Air en 1985, le crash du Tupolev Tu-134 au Mozambique en 1986, la catastrophe de Helderberg en 1987, l'attentat à la bombe contre le vol 103 de Pan Am en 1988 et le crash de l'hélicoptère Mull of Kintyre en 1994, ainsi que diverses technologies aéronautiques et observations présumées, ont tous donné lieu à des théories d'actes criminels qui s'écartent des verdicts officiels.

Hélicoptères noirs

Cette théorie du complot est apparue aux États-Unis dans les années 1960. À l'origine, la John Birch Society en faisait la promotion, affirmant qu'une force des Nations unies arriverait bientôt dans des hélicoptères noirs pour placer les États-Unis sous le contrôle de l'ONU. Une théorie similaire concernant les "hélicoptères fantômes" est apparue au Royaume-Uni dans les années 1970.

La théorie est réapparue dans les années 1990, sous la présidence de Bill Clinton, et a été promue "énergiquement" par l'écrivain Jim Keith dans son livre *Black Helicopters Over America*. Dans les années 2000, l'expression "hélicoptères noirs" est devenue un raccourci pour les théories du complot antigouvernementales qui "dépassent les limites de la crédulité", comme celles des groupes de miliciens et d'un certain nombre d'invités de l'animateur de talk-show Glenn Beck.

Chemtrails

Également connue sous le nom de SLAP (Secret Large-scale Atmospheric Program), cette théorie prétend que les traînées de condensation d'eau ("contrails") provenant des avions sont constituées d'agents chimiques ou biologiques, ou contiennent un mélange supposé toxique d'aluminium, de strontium et de baryum, en vertu de politiques gouvernementales secrètes. On estime que 17 % des personnes dans le monde croient que cette théorie est vraie ou partiellement vraie. En 2016, la Carnegie Institution for Science a publié la toute première étude évaluée par des pairs sur la théorie des chemtrails ; 76 des 77 chimistes et géochimistes atmosphériques participants ont déclaré qu'ils n'avaient vu aucune preuve à l'appui de la théorie des chemtrails, ou ont déclaré que les théoriciens des chemtrails s'appuient sur un mauvais échantillonnage.

Korean Air Lines Vol 007

La destruction du vol 007 de Korean Air Lines par des jets soviétiques en 1983 a longtemps suscité l'intérêt des théoriciens de la conspiration. Les théories vont des allégations d'une mission d'espionnage planifiée à une dissimulation du gouvernement américain, en passant par la consommation des restes des passagers par des crabes géants.

Le vol MH370 de Malaysia Airlines

La disparition du vol 370 de la Malaysia Airlines en Asie du Sud-Est en mars 2014 a suscité de nombreuses théories. Une théorie suggère que cet avion a été caché et réintroduit sous le nom de vol MH17 plus tard la même année afin d'être abattu au-dessus de l'Ukraine à des fins politiques. Le théoricien américain du complot James H. Fetzer a attribué la responsabilité de cette disparition au Premier ministre israélien de l'époque, Benjamin Netanyahu. L'historien Norman Davies a promu la théorie du complot selon laquelle des pirates informatiques ont pris le contrôle à distance d'un pilote automatique ininterrompu Honeywell de Boeing, censé être installé à bord, pilotant à distance l'avion vers l'Antarctique.

Le vol MH17 de Malaysia Airlines

Le vol 17 de Malaysia Airlines a été abattu au-dessus de l'Ukraine en juillet 2014. Cet événement a donné naissance à de nombreuses théories alternatives. Celles-ci incluent diversement des allégations selon lesquelles il s'agissait secrètement du vol MH370, que l'avion a en fait été abattu par l'armée de l'air ukrainienne pour piéger la Russie, qu'il faisait partie d'une conspiration visant à dissimuler la "vérité" sur le VIH (sept spécialistes de la maladie étaient à bord), ou que les Illuminati ou Israël étaient responsables.

Commerce et industrie

Deepwater Horizon

De multiples théories du complot se rapportent à l'accident industriel mortel d'une plate-forme pétrolière survenu en 2010 dans le golfe du Mexique, alléguant un sabotage par ceux qui cherchent à promouvoir l'environnementalisme, ou une attaque par des sous-marins nord-coréens ou russes. Des éléments de ces théories ont été suggérés ou promus par l'animateur de radio américain Rush Limbaugh.

Nouveau Coca-Cola

Une théorie prétend que The Coca-Cola Company a intentionnellement opté pour une formule inférieure avec le New Coke, dans l'intention soit de faire grimper la demande pour le produit original, soit de permettre la réintroduction de l'original avec une nouvelle formule utilisant des ingrédients moins chers. Le président de Coca-Cola, Donald Keough, a réfuté cette accusation : "La vérité est que nous ne sommes pas si bêtes, et nous ne sommes pas si intelligents".

Décès et disparitions

Les théories de la conspiration apparaissent fréquemment après la mort de dirigeants et de personnalités publiques de premier plan.

La mort de Néron

Dans l'Antiquité, de nombreuses théories du complot ont circulé au sujet de la mort de l'empereur romain Néron, qui s'est suicidé en 68 de notre ère. Certaines de ces théories prétendaient que Néron avait en fait simulé sa mort et qu'il était secrètement toujours en vie, mais qu'il se cachait, complotant pour revenir et rétablir son règne. Dans la plupart de ces histoires, il aurait fui en Orient, où il était toujours aimé et admiré. D'autres théories affirmaient que Néron était réellement mort, mais qu'il reviendrait d'entre les morts pour reprendre son trône. De nombreux premiers chrétiens croyaient à ces théories du complot et craignaient le retour de Néron, car ce dernier les avait violemment persécutés. Le livre de l'Apocalypse fait allusion aux théories de conspiration entourant le retour présumé de Néron dans sa description de la tête abattue revenue à la vie.

L'assassinat de JFK

À l'époque moderne, de multiples théories du complot concernant l'assassinat de John F. Kennedy en 1963 ont vu le jour. Vincent Bugliosi a estimé que plus de 1 000 livres avaient été écrits sur l'assassinat de Kennedy, dont au moins quatre-vingt-dix pour cent sont des ouvrages soutenant l'idée d'une conspiration. De ce fait, l'assassinat de Kennedy a été décrit comme "la mère de toutes les conspirations". Parmi les innombrables personnes et organisations qui ont été accusées d'être impliquées dans l'assassinat de Kennedy, on trouve la CIA, la mafia, le vice-président en exercice Lyndon B. Johnson, le Premier ministre cubain Fidel Castro, le KGB, ou même une combinaison de ces éléments. Il est également fréquemment affirmé que le gouvernement fédéral des États-Unis a intentionnellement dissimulé des informations cruciales à la suite de l'assassinat afin d'éviter que la conspiration ne soit découverte.

Décès d'autres personnalités

Les décès de personnalités de tous types attirent les théoriciens du complot, notamment, par exemple, le complot visant à assassiner le président américain Abraham Lincoln, Martin Luther King, Jr, Eric V du

Danemark, Dmitry Ivanovich, Sheikh Rahman, Yitzhak Rabin, Zachary Taylor, George S. Patton, Diana, Princesse de Galles, Dag Hammarskjöld,Kurt Cobain, Michael Jackson, Marilyn Monroe, Tupac Shakur, Wolfgang Amadeus Mozart, John Lennon, Jimi Hendrix, Notorious B.I.G., le pape Jean-Paul Ier, Jill Dando, Olof Palme, le membre de Linkin Park Chester Bennington, Paul Walker, David Kelly, spécialiste des armes biologiques, Subash Chandra Bose, combattant indien de la liberté, et Sushant Singh Rajput, star de Bollywood.

Il existe également des affirmations selon lesquelles les décès ont été dissimulés. Parmi ces théories, citons celle du "Paul est mort", selon laquelle Paul McCartney serait mort dans un accident de voiture en 1966 et aurait été remplacé par un sosie de l'orphelin écossais William Shears Cambell, également connu sous le nom de Billy Shears, et que les Beatles auraient laissé des indices dans leurs chansons, notamment "Revolution 9", "Strawberry Fields Forever", "Glass Onion" et "I Am the Walrus", ainsi que sur les couvertures d'*Abbey Road*, de *Sgt. Pepper's Lonely Hearts Club Band* et de *Magical Mystery Tour*. Une autre est la théorie du complot, largement diffusée au Nigeria, qui prétend que le président nigérian Muhammadu Buhari est mort en 2017 et a été remplacé par un imposteur soudanais sosie. De nombreux fans de la star du punk-pop Avril Lavigne affirment qu'elle est morte au sommet de sa gloire et qu'elle a été remplacée par un sosie nommé Melissa. La théorie du remplacement de Melania Trump propose la même chose pour l'ancienne première dame des États-Unis.

Des théories inversées concernant les décès sont également connues, notamment les affirmations selon lesquelles la mort d'Elvis Presley a été simulée et qu'Adolf Hitler a survécu à la Seconde Guerre mondiale et s'est réfugié en Amérique, en Antarctique ou sur la Lune. Les théories selon lesquelles Hitler aurait survécu sont connues pour avoir été délibérément encouragées par le gouvernement de l'Union soviétique sous Joseph Staline dans le cadre d'une campagne de désinformation.

La disparition, et souvent la mort présumée, d'un individu peut également devenir une cause pour les théoriciens de la conspiration. Les théories de dissimulation entourant la disparition de Lord Lucan en 1974, après le meurtre de la nounou de sa famille, comprennent, par exemple, des allégations de complot de suicide selon lesquelles son corps aurait été donné en pâture aux tigres du zoo de Howletts. De nombreuses théories du complot ont également entouré la disparition en 2007 de la jeune Anglaise Madeleine McCann.

Le meurtre de Seth Rich, employé du Comité national démocrate, a donné naissance à plusieurs théories du complot de droite, notamment l'affirmation selon laquelle Seth Rich aurait été impliqué dans la fuite des courriels du DNC en 2016, ce qui va à l'encontre de la conclusion des services de renseignement américains selon laquelle la fuite des courriels du DNC faisait partie de l'ingérence russe dans les élections américaines de 2016. Les forces de l'ordre ainsi que des sites Web de vérification des faits comme PolitiFact.com, Snopes.com et FactCheck.org ont déclaré que ces théories étaient fausses et sans fondement. *Le New York Times*, le *Los Angeles Times* et *le Washington Post ont* qualifié ces affabulations de "fake news" et de mensonges.

Économie et société

Nouvel ordre mondial

Selon **la théorie du Nouvel Ordre Mondial**, un groupe d'élites internationales contrôle les gouvernements, l'industrie et les médias, dans le but d'établir une hégémonie mondiale. Ce groupe serait impliqué dans la plupart des grandes guerres des deux derniers siècles, organiserait des événements mis en scène secrètement et manipulerait délibérément les économies. Parmi les organisations présumées faire partie du complot figurent le Système fédéral de réserve, le Council on Foreign Relations, la Commission trilatérale, le groupe Bilderberg, l'Union européenne, les Nations unies, la Banque mondiale, le Fonds monétaire international, Bohemian Grove, Le Cercle et la société Skull and Bones de l'université de Yale.

Le canular des Discordiens a donné lieu à l'une des théories de la conspiration les plus répandues dans le monde, selon laquelle les "Illuminati" font secrètement la promotion du prétendu Nouvel ordre mondial. Les théoriciens pensent qu'un large éventail de musiciens, dont Beyoncé et Whitney Houston, ont été associés au "groupe". Parmi les théoriciens les plus connus figurent Mark Dice et David Icke.

Aéroport de Denver

Certains théoriciens pensent que l'aéroport international de Denver se trouve au-dessus d'une ville souterraine qui sert de quartier général au Nouvel Ordre Mondial. Les théoriciens citent la taille inhabituellement grande de l'aéroport, sa distance par rapport au centre-ville de Denver, des symboles maçonniques et prétendument sataniques, ainsi qu'un ensemble de peintures murales comprenant des représentations de la guerre et de la mort.

George Soros

L'investisseur hongro-américain George Soros fait l'objet de théories du complot depuis les années 1990. Soros a utilisé sa richesse pour promouvoir de nombreuses causes politiques, sociales, éducatives et scientifiques, déboursant des subventions d'un montant total estimé à 11 milliards de dollars jusqu'en 2016. Cependant, les théories tendent à affirmer que Soros contrôle une grande partie des richesses et des gouvernements du monde, et qu'il finance secrètement un large éventail de personnes et d'organisations à des fins néfastes, comme

Antifa, qui, selon les théoriciens du complot, est un groupe militant unique d'extrême gauche. Ces idées ont été défendues par Viktor Orban, Donald Trump, Rudy Giuliani, Joseph diGenova, Bill O'Reilly, Roy Moore, Alex Jones, Paul Gosar et Ben Garrison. Les théories du complot de Soros sont parfois liées aux théories du complot antisémite.

Franc-maçonnerie

Les théories du complot concernant les francs-maçons ont proliféré depuis le XVIIIe siècle. Les théoriciens ont prétendu que les francs-maçons contrôlaient une grande partie de l'économie ou du système judiciaire d'un certain nombre de pays, et ont allégué l'implication des francs-maçons dans les événements entourant le naufrage du *Titanic* et les crimes de Jack l'Éventreur. Parmi les théoriciens, il convient de citer l'inventeur américain Samuel Morse, qui a publié en 1835 un livre sur ses propres théories de la conspiration. Les théories de la conspiration franc-maçonne ont également été liées à certaines théories de la conspiration antisémite.

Üst akıl

En Turquie, les théories du complot ont commencé à dominer le discours public à la fin du règne du Parti de la justice et du développement et de Recep Tayyip Erdoğan. En 2014, Erdoğan a inventé le terme *üst akıl* ("cerveau") pour désigner la prétendue institution de commandement et de contrôle, placée de manière quelque peu ambiguë avec le gouvernement des États-Unis, dans une conspiration globale visant à affaiblir, voire à démembrer la Turquie, en orchestrant chaque acteur et action politiques perçus comme hostiles par la Turquie. Erdoğan ainsi que le journal *Daily Sabah* ont à de multiples reprises allégué que des acteurs non étatiques très différents - comme le salafiste djihadiste État islamique d'Irak et du Levant (ISIL), le socialiste libertaire Parti des travailleurs du Kurdistan (PKK) et les partisans de Fethullah Gülen - attaquaient la Turquie en même temps dans une campagne bien coordonnée.

Un exemple de promotion de la théorie du complot du "cerveau" s'est produit en février 2017, lorsque le maire d'Ankara de l'époque, Melih Gökçek, a affirmé que les tremblements de terre dans la province occidentale de Çanakkale pourraient avoir été organisés par de sombres puissances extérieures visant à détruire l'économie turque avec un "tremblement de terre artificiel" près d'Istanbul. Autre exemple, en novembre 2017, le journal islamiste *Yeni Akit a* affirmé que la tendance à la mode des jeans en "denim déchiré" était en fait un moyen de communication, via des formes spécifiques de déchirures et de trous, entre des agents d'États étrangers et leurs collaborateurs en Turquie.

Espionnage

L'espionnage des animaux par Israël

Il existe des théories du complot selon lesquelles Israël utilise des animaux pour faire de l'espionnage ou pour attaquer des personnes. Elles sont souvent associées à des théories du complot sur le sionisme. Parmi les sujets d'intérêt pour les théoriciens, citons une série d'attaques de requins en Égypte en 2010, les accusations du Hezbollah concernant l'utilisation d'aigles "espions" et la capture en 2011 d'un vautour fauve portant un dispositif de repérage par satellite étiqueté par Israël.

Harold Wilson

De nombreuses personnes, dont l'ancien officier du MI5 Peter Wright et le transfuge soviétique Anatoliy Golitsyn, ont affirmé que l'ancien Premier ministre britannique Harold Wilson était secrètement un espion du KGB. L'historien Christopher Andrew a déploré qu'un certain nombre de personnes aient été "séduites par les fantasmes de Golitsyn".

Malala Yousafzai

Les théories du complot concernant Malala Yousafzai sont très répandues au Pakistan, dont des éléments proviennent d'un article satirique paru en 2013 dans *Dawn*. Ces théories prétendent diversement qu'elle est une espionne occidentale, ou que sa tentative de meurtre par les talibans en 2012 était une opération secrète visant à discréditer davantage les talibans, et qu'elle a été organisée par son père et la CIA et exécutée par l'acteur Robert de Niro déguisé en homéopathe ouzbek.

Ethnicité, race et religion

Antisémitisme

Depuis au moins le Moyen Âge, l'antisémitisme comporte des éléments de théorie du complot. Dans l'Europe médiévale, il était largement admis que les Juifs empoisonnaient les puits, qu'ils étaient responsables de la mort de Jésus et qu'ils consommaient rituellement le sang des chrétiens. La seconde moitié du 19e siècle a vu l'émergence de notions selon lesquelles les Juifs et/ou les francs-maçons complotaient pour établir leur contrôle sur le monde, une théorie du complot similaire est liée au marxisme culturel. De fausses preuves ont été présentées pour répandre la notion que les Juifs étaient responsables de la propagation du communisme, ou le canular *Les Protocoles des Sages de Sion (*1903), qui décrit un prétendu complot des Juifs pour contrôler le monde. Ces théories antisémites de la conspiration sont devenues un élément central de la vision du monde d'Adolf Hitler. Les théories antisémites persistent aujourd'hui dans des notions concernant les banques, Hollywood, les médias d'information et un prétendu gouvernement d'occupation sioniste. Ces théories ont en commun une vision tyrannique du monde.

Le négationnisme est également considéré comme une théorie de la conspiration antisémite en raison de sa position selon laquelle l'Holocauste est un canular destiné à promouvoir les intérêts des Juifs et à justifier la création de l'Etat d'Israël. Parmi les négationnistes figurent l'ancien président iranien Mahmoud Ahmedinejad, le chimiste Germar Rudolf et l'auteur discrédité David Irving.

Anti-Arménianisme

Les théories du complot selon lesquelles les Arméniens exercent un pouvoir politique secret sont répandues en Azerbaïdjan et ont été encouragées par le gouvernement, y compris le président Ilham Aliyev.

Le ministre turc des Affaires étrangères, Mevlüt Çavuşoğlu, a affirmé que les médias russes étaient dirigés par des Arméniens. L'écrivain américain et avocat radié Samuel Weems a affirmé que le génocide arménien était un canular destiné à escroquer des milliards de dollars aux nations chrétiennes, et que l'Église arménienne était à l'origine d'attaques terroristes. Le cinéaste Davud Imanov a accusé les Arméniens de comploter contre l'Azerbaïdjan et a affirmé que le mouvement du Karabakh était un complot de la CIA pour détruire l'Union soviétique.

Anti-Bahá'ísm

La minorité de foi bahá'íe d'Iran a été la cible de théories du complot alléguant une implication dans des puissances hostiles. Des représentants du gouvernement iranien et d'autres personnes ont prétendu que les bahá'ís étaient des agents des gouvernements russe, britannique, américain ou israélien. Un livre apocryphe et historiquement inexact publié en Iran, intitulé *The Memoirs of Count Dolgoruki*, expose en détail une théorie selon laquelle les bahá'ís auraient l'intention de détruire l'islam. De telles accusations anti-bahá'íes ont été rejetées comme n'ayant aucun fondement factuel.

Anti-catholicisme

Depuis la Réforme protestante du XVIe siècle, les théories de conspiration anticatholiques ont pris de nombreuses formes, notamment les allégations de complot papal du XVIIe siècle, les affirmations de personnes telles que William Blackstone selon lesquelles les catholiques représentaient une menace secrète pour la Grande-Bretagne, et de nombreux écrits d'auteurs tels que Samuel Morse, Rebecca Reed, Avro Manhattan, Jack Chick et Alberto Rivera. Les théoriciens affirment souvent que le pape est l'Antéchrist, accusent les catholiques de supprimer les preuves incompatibles avec les enseignements de l'Église et décrivent les catholiques comme étant impliqués dans des rituels maléfiques secrets, des crimes et d'autres complots.

En 1853, le ministre écossais Alexander Hislop a publié son pamphlet anticatholique *The Two Babylons*, dans lequel il affirme que l'Église catholique est secrètement une continuation de la religion païenne de l'ancienne Babylone, le produit d'une conspiration millénaire fondée par le roi biblique Nimrod et la reine assyrienne Sémiramis. Il affirme également que les fêtes catholiques modernes, notamment Noël et Pâques, sont en fait des fêtes païennes établies par Sémiramis et que les coutumes qui y sont associées sont des rituels païens. Les spécialistes modernes ont unanimement rejeté les arguments du livre, les considérant comme erronés et fondés sur une compréhension imparfaite de la religion babylonienne, mais des variantes de ces arguments sont encore acceptées par certains groupes de protestants évangéliques. Le périodique des Témoins de Jéhovah, *The Watchtower, en a* fréquemment publié des extraits jusque dans les années 1980. La thèse du livre a également figuré en bonne place dans les théories conspirationnistes de groupes racistes, comme The Covenant, The Sword, and the Arm of the Lord.

Les craintes d'une prise de contrôle des États-Unis par les catholiques ont été particulièrement persistantes, suscitées par des phénomènes tels que l'immigration catholique au XIXe siècle et la propagande du Ku Klux Klan. Ces craintes se sont attachées à des candidats politiques catholiques tels que Al Smith et John F. Kennedy.

Le pape Jean-Paul Ier est mort en septembre 1978, un mois seulement après son élection à la papauté. La date de son décès et les difficultés que le Vatican aurait rencontrées dans le cadre des procédures cérémonielles et légales de décès ont donné lieu à plusieurs théories du complot.

La démission du pape âgé Benoît XVI en février 2013, pour des raisons invoquées de "manque de force d'esprit et de corps", a suscité des théories dans des publications italiennes telles que *La Repubblica* et *Panorama* selon lesquelles il aurait démissionné pour éviter un scandale présumé impliquant un réseau catholique gay clandestin.

Antichrist

Les prophéties apocalyptiques, en particulier les affirmations chrétiennes sur la fin des temps, ont inspiré toute une série de théories du complot. Nombre d'entre elles font référence à l'Antéchrist, un dirigeant qui est censé créer un empire mondial oppressif. D'innombrables personnages ont été qualifiés d'Antéchrist, notamment l'empereur du Saint Empire romain germanique Frédéric II, l'empereur russe Pierre le Grand, Saladin, le pape Jean XXII, Benito Mussolini, Barack Obama, l'empereur français Napoléon Bonaparte et le führer allemand Adolf Hitler.

La Bible et Jésus

Les théories de conspiration biblique postulent que des parties importantes du Nouveau Testament sont fausses ou ont été omises. Divers groupes, réels (comme le Vatican) ou fictifs (comme le Prieuré de Sion), supprimeraient des informations pertinentes concernant, par exemple, la datation du Suaire de Turin.

Une grande partie de cette théorie du complot a été stimulée par un livre démystifié intitulé *The Holy Blood and the Holy Grail* (1982), qui affirmait que Jésus et Marie-Madeleine étaient amants et que leur progéniture et leurs descendants étaient secrètement cachés en Europe après la mort de Jésus, dont le dessinateur français Pierre Plantard, alors en vie, se disait descendant. L'intérêt pour ce canular a connu un regain d'intérêt après la publication du roman de Dan Brown, *Da Vinci Code,* en 2003.

Islam

La "guerre contre l'islam" est une théorie du complot dans le discours islamiste qui décrit un prétendu complot visant à nuire ou à anéantir le système social au sein de l'islam. Les auteurs de ce complot seraient des non-musulmans et de "faux musulmans", prétendument en collusion avec des acteurs politiques du monde occidental. Si cette théorie est souvent évoquée en relation avec les problèmes et changements sociaux modernes, les Croisades sont souvent présentées comme son point de départ.

Anti-islamique

Depuis les attentats du 11 septembre, de nombreuses théories du complot anti-islamiques ont vu le jour, concernant une variété de sujets. Le "Love Jihad", également appelé "Romeo Jihad", fait référence à une théorie du complot concernant des hommes musulmans qui cibleraient des filles non musulmanes pour les convertir à l'islam en feignant l'amour. La théorie "Eurabia" allègue un vaste complot musulman visant à islamiser l'Europe (et souvent le reste du monde occidental) par le biais d'une immigration massive et de taux de natalité élevés. En outre, avant et pendant sa présidence, Barack Obama a été accusé par ses opposants d'être secrètement musulman.

L'apôtre Paul

L'apôtre Paul apparaît dans certaines variantes de la polémique juive médiévale anti-chrétienne Toledot Yeshu comme un espion particulièrement efficace pour les rabbins.

Les musulmans croient depuis longtemps que Paul a délibérément corrompu les enseignements originaux révélés par Jésus, en introduisant des éléments tels que le paganisme, en faisant du christianisme une théologie de la croix et en introduisant le péché originel et le besoin de rédemption.

La foi bahá'íe considère Paul comme un faux prédicateur ou un prédicateur égaré qui a fini par corrompre le message original de Jésus. En ce sens, il est considéré comme le véritable "Judas" qui, selon Jésus, le trahirait.

Racisme

La théorie du complot du génocide blanc est une notion nationaliste blanche selon laquelle l'immigration, l'intégration, les faibles taux de fécondité et l'avortement sont encouragés dans les pays à prédominance blanche afin de transformer les Blancs en minorité ou de provoquer leur extinction. Une étude réalisée en 2017 en France par l'IFOP a par exemple révélé que 48 % des participants pensaient que les élites politiques et médiatiques conspiraient pour remplacer les Blancs par des immigrants.

Aux États-Unis, la théorie de la conspiration du génocide noir soutient l'idée que les Afro-Américains sont les victimes d'un génocide institué par les Américains blancs. Les lynchages et la discrimination raciale ont été formellement qualifiés de génocide par le Civil Rights Congress en 1951. Malcolm X a également parlé de "génocide noir" au début des années 1960. Le financement public de la pilule a également été qualifié de "génocide noir" lors de la première conférence du Black Power, en 1967. En 1970, après que l'avortement a été plus largement légalisé, certains militants noirs ont décrit l'avortement comme faisant partie de la conspiration.

Certains Rastafari maintiennent l'idée qu'une patriarchie raciste blanche ("Babylone") contrôle le monde afin d'opprimer les Noirs. Ils croient que l'empereur Hailé Sélassié d'Éthiopie n'est pas mort en 1975, mais que les médias prétendument racistes ont propagé de fausses informations sur sa mort afin d'écraser le mouvement rastafari.

"Le Plan" est un complot présumé des courtiers du pouvoir blanc à Washington, D.C., visant à "reprendre" le gouvernement local de la ville aux Afro-Américains, qui étaient majoritaires dans la population de la ville de la fin des années 1950 au début des années 2010 et qui restent son groupe ethnique le plus important. La théorie affirme que le déclin des résidents noirs à faible revenu et leur remplacement par des Blancs plus riches venant de l'extérieur de la ville est intentionnel grâce à l'utilisation calculée de la gentrification et de la rénovation urbaine. La plupart des résidents de la ville, quelle que soit leur race, considèrent que le Plan est faux, mais certains pensent qu'il bénéficie d'un soutien discret mais considérable parmi les résidents noirs et qu'il influence les élections locales.

Extraterrestres et OVNIs

Parmi les principales préoccupations des théoriciens de la conspiration figurent les questions relatives à la vie extraterrestre ; par exemple, les allégations de dissimulation par le gouvernement de l'incident supposé de l'ovni de Roswell ou des activités de la zone 51. Sont également diffusées des théories concernant les "hommes en noir", qui feraient taire les témoins.

Depuis au moins les années 1960, de nombreux rapports font état de bovins morts, retrouvés avec des parties du corps absentes et apparemment vidés de leur sang. Ce phénomène a donné naissance à diverses théories concernant les extraterrestres et les expériences secrètes du gouvernement ou de l'armée. Parmi ces théoriciens, Linda Moulton Howe, auteur de *Alien Harvest* (1989), occupe une place de choix.

De nombreuses théories du complot se sont inspirées des écrits de Zecharia Sitchin, partisan des astronautes antiques, qui a déclaré que les Anunnaki de la mythologie sumérienne étaient en fait une race d'êtres extraterrestres venus sur Terre il y a environ 500 000 ans pour exploiter l'or. Dans son livre *Humanity's Extraterrestrial Origins : ET Influences on Humankind's Biological and Cultural Evolution*, Arthur Horn propose que les Anunnaki soient une race de reptiles extraterrestres buveurs de sang et changeant de forme. Cette théorie a été adaptée et développée par le théoricien britannique de la conspiration David Icke, qui soutient que la famille Bush, Margaret Thatcher, Bob Hope et la famille royale britannique, entre autres, sont ou étaient de telles créatures, ou ont été sous leur contrôle. Les détracteurs d'Icke ont suggéré que les "reptiliens" pouvaient être considérés comme un mot de code antisémite, ce qu'il a nié.

Gouvernement, politique et conflits

À l'ère moderne, les théories du complot politique sont souvent diffusées à l'aide de fake news sur les médias sociaux. Une étude de 2017 sur les fake news publiée par le Shorenstein Center a révélé que "la désinformation est actuellement principalement une pathologie de la droite".

Les théories de la conspiration politique peuvent prendre des formes généralisées et étendues concernant les guerres et les organismes internationaux, mais elles peuvent également être observées à un niveau local, comme la théorie de la conspiration concernant le 118e bataillon, un régiment britannique stationné à Kitchener, en Ontario, pendant la Première Guerre mondiale, dont certains habitants de Kitchener pensent qu'il est toujours présent et qu'il contrôle la politique locale.

Les acteurs de la crise

Les acteurs de crise sont des personnes qui jouent le rôle de victimes de catastrophes dans les exercices de formation des premiers secours. Les théories du complot prétendent qu'ils sont impliqués dans la mise en scène de fausses fusillades de masse et d'autres événements similaires, dans lesquels les victimes et leurs familles sont en fait des acteurs de crise.

Illuminati

Les théories du complot concernant les Illuminati, une société secrète éphémère du XVIIIe siècle, semblent être nées à la fin du XIXe siècle, lorsque certains conservateurs européens en sont venus à croire que le groupe était responsable de la Révolution française de 1789-1799. Les canulars sur les Illuminati ont ensuite été répandus dans les années 1960 par un groupe de farceurs américains connus sous le nom de Discordiens, qui, par exemple, ont écrit une série de fausses lettres sur les Illuminati à *Playboy*.

Opérations sous faux drapeau

Les opérations sous faux drapeau sont des opérations secrètes conçues pour donner l'impression qu'elles sont menées par d'autres entités. Certaines allégations d'opérations sous faux drapeau ont été vérifiées ou ont fait l'objet d'une contestation historique légitime (comme l'incendie du Reichstag en 1933). Les discussions sur les allégations non fondées de telles opérations sont très présentes dans le discours de la théorie du complot.

D'autres allégations d'opérations similaires se rapportent au bombardement de Pearl Harbor, à l'attentat d'Oklahoma City, aux attentats à la bombe contre des trains à Madrid en 2004 et à l'incident du golfe du Tonkin en 1964.

La montée d'ISIS a donné lieu à des théories du complot selon lesquelles il aurait été créé par les États-Unis, la CIA, le Mossad ou Hillary Clinton. La même chose s'est produite après l'apparition de Boko Haram.

9/11

Les multiples attaques perpétrées contre les États-Unis par des terroristes utilisant des avions détournés le 11 septembre 2001 ont attiré les théoriciens de la conspiration. Les théories peuvent faire référence à la technologie des missiles ou des hologrammes. La théorie la plus répandue, et de loin, est que les attentats étaient en fait des démolitions contrôlées, une théorie qui a été rejetée par la profession d'ingénieur et la Commission du 11 septembre.

Sandy Hook

La fusillade meurtrière de 2012 à l'école primaire Sandy Hook de Newtown, dans le Connecticut, a suscité de nombreuses théories du complot, parmi lesquelles l'affirmation selon laquelle il s'agissait d'un événement fabriqué dans le but de promouvoir le contrôle des armes à feu. David Duke, ancien chef du Ku Klux Klan, a émis l'hypothèse que les sionistes étaient responsables. Des théoriciens tels qu'Alex Jones ont suggéré que l'événement avait été mis en scène par des acteurs. Le harcèlement des familles endeuillées par les théoriciens de la conspiration a donné lieu à des actions en diffamation. Rush Limbaugh a également déclaré que l'événement s'est produit parce que le phénomène du calendrier maya a poussé le tireur Adam Lanza à le faire.

Clintons

Le "Clinton Body Count" fait référence à une théorie du complot, dont certains éléments ont été avancés par Christopher Ruddy, éditeur de Newsmax, entre autres, selon laquelle l'ancien président américain Bill

Clinton et son épouse Hillary Clinton auraient assassiné au moins cinquante de leurs collaborateurs. Ces accusations existent au moins depuis les années 1990, lorsqu'un film pseudo-documentaire intitulé *The Clinton Chronicles*, produit par Larry Nichols et promu par le révérend Jerry Falwell, a accusé Bill Clinton de multiples crimes, dont le meurtre.

Théories de conspiration sur la mort de Jeffrey Epstein

La mort de Jeffrey Epstein, milliardaire financier américain et délinquant sexuel condamné, lié à Donald Trump, Bill Clinton et d'autres membres de l'élite, est devenue le sujet de théories du complot.

FEMA

L'Agence fédérale de gestion des urgences des États-Unis fait l'objet de nombreuses théories, notamment l'allégation selon laquelle l'organisation a participé à la construction de camps de concentration sur le sol américain, en prévision de l'imposition de la loi martiale et du génocide.

Congrès national africain

Les membres du parti du Congrès national africain d'Afrique du Sud propagent depuis longtemps des théories du complot, concernant fréquemment la CIA et de prétendus suprémacistes blancs. En 2014, le vice-ministre de la Défense Kebby Maphatsoe s'est joint à d'autres pour accuser sans preuve la protectrice publique Thuli Madonsela d'être un agent américain travaillant à la création d'un gouvernement fantoche en Afrique du Sud.

Barack Obama

L'ancien président américain Barack Obama a fait l'objet de nombreuses théories du complot. Sa présidence a fait l'objet d'un film en 2009, *The Obama Deception*, d'Alex Jones, qui prétendait que l'administration d'Obama était un gouvernement fantoche au service d'une riche élite. Une autre théorie qui a pris de l'ampleur en 2009 (connue sous le nom de "birtherisme") nie la légitimité de la présidence d'Obama en affirmant qu'il n'est pas né aux États-Unis. Cette théorie a persisté malgré la preuve de son certificat de naissance hawaïen et des annonces de naissance contemporaines dans deux journaux hawaïens en 1961. Les principaux promoteurs de cette théorie sont l'avocate-dentiste Orly Taitz et l'ancien président Donald Trump, qui a depuis reconnu publiquement sa fausseté mais qui continuerait à la défendre en privé. D'autres théories prétendent qu'Obama, un chrétien protestant, est secrètement musulman.

Une paire d'attaques mortelles contre des installations du gouvernement américain à Benghazi, en Libye, par des terroristes islamistes en 2012, a donné lieu à de nombreuses théories du complot, notamment des allégations selon lesquelles l'administration d'Obama aurait organisé l'attaque pour des raisons politiques, et l'affirmation répétée du sénateur Rand Paul selon laquelle la réponse du gouvernement à l'incident visait à détourner l'attention d'une opération secrète de la CIA.

Marxisme culturel

Le groupe d'intellectuels connu sous le nom d'École de Francfort, qui a vu le jour dans les années 1930, fait de plus en plus l'objet de théories du complot selon lesquelles le communisme serait promu dans les sociétés capitalistes. Le terme "marxisme culturel" a notamment été employé par des mouvements conservateurs américains tels que le Tea Party, et par le meurtrier norvégien Anders Behring Breivik.

État profond

Bien que le terme soit parfois utilisé comme un terme neutre pour désigner la bureaucratie d'une nation, la notion conspirationniste d'un "État profond" est un concept provenant principalement de la politique du Moyen-Orient et de l'Afrique du Nord avec un certain fondement dans la vérité, et est connu aux États-Unis depuis les années 1960. Il a été ravivé sous la présidence de Trump. L'"État profond", dans ce dernier sens, fait référence à une "élite puissante" non identifiée qui agit en manipulant de manière coordonnée la politique et le gouvernement d'une nation. Les partisans de ces théories ont inclus l'auteur canadien Peter Dale Scott, qui a promu cette idée aux États-Unis depuis au moins les années 1990, ainsi que *Breitbart News*, *Infowars* et l'ancien président américain Donald Trump. Un sondage réalisé en 2017 par ABC News et *le Washington Post* indique que 48 % des Américains croient en l'existence d'un "État profond" conspirationniste aux États-Unis.

Sutherland Springs

La fusillade de 2017 dans l'église de Sutherland Springs a également fait l'objet de multiples théories du complot. Le tireur a été lié à de multiples conspirations, notamment en l'identifiant comme un démocrate, un partisan d'Hillary Clinton, un partisan de Bernie Sanders, un partisan de l'"alt-left", un membre d'Antifa ou un musulman radical ; ou en affirmant qu'il portait un drapeau Antifa et qu'il a dit aux fidèles de l'église : "C'est une révolution communiste". Certains rapports ont également affirmé à tort qu'il avait ciblé l'église parce qu'il s'agissait de conservateurs blancs.

Trump, Biden et l'Ukraine

À partir de 2017, une théorie du complot tentaculaire a émergé de 4chan et s'est propagée via des panneaux d'affichage et des sites Web de droite, puis via Breitbart et Fox News jusqu'au président de l'époque, Donald Trump, et ses alliés. La théorie du complot soutient à la fois que l'Ukraine (plutôt que la Russie) a interféré dans les élections américaines de 2016, et que le vice-président de l'époque, Joe Biden, est intervenu pour protéger une entreprise dans laquelle son fils Hunter était impliqué. *Le New Yorker* a découvert que les reportages sur la conspiration dans les médias de droite ont été initiés par Peter Schweizer, un ancien collaborateur de *Breitbart News* et président du Government Accountability Institute, "un groupe de surveillance de la corruption autoproclamé, présidé et financé par le méga-donateur conservateur Rebekah Mercer" et fondé par Steve Bannon.

Théorie du complot Biden-Ukraine

Fait référence à une série d'allégations selon lesquelles l'ancien vice-président Joe Biden et son fils Hunter Biden auraient coordonné les efforts contre les enquêtes anti-corruption en Ukraine concernant la compagnie de gaz ukrainienne Burisma.

"La théorie du complot de l'élection volée

La théorie du complot de l'élection volée prétend faussement que l'élection présidentielle américaine de 2020 a été "volée" à Donald Trump, qui a perdu cette élection au profit de Joe Biden. Elle sert à justifier les tentatives d'annulation de l'élection présidentielle américaine de 2020, y compris la prise d'assaut du Capitole des États-Unis en 2021. Une variante particulière de cette théorie est la théorie du complot "Soros a volé l'élection", selon laquelle George Soros aurait volé l'élection à Trump. Les sondages réalisés depuis les lendemains de l'élection de 2020 ont toujours montré que la majorité des républicains croient à tort que l'élection a été "volée" à Trump.

Médecine

Suppression des thérapies alternatives

Une étude de 2013 approuvée par l'Université de Chicago a suggéré que près de la moitié des Américains croient à au moins une théorie de conspiration médicale, 37% d'entre eux croyant que la Food and Drug Administration supprime délibérément les remèdes "naturels" en raison de l'influence de l'industrie pharmaceutique. L'un des principaux partisans de théories du complot comparables est le fraudeur condamné Kevin Trudeau.

Les maladies artificielles

Les scientifiques ont trouvé des preuves que le VIH a été transféré du singe à l'homme dans les années 1930. Il existe toutefois des preuves que le KGB a délibérément diffusé dans les années 1980 une idée selon laquelle il aurait été inventé par la CIA. Cette idée, ainsi que des idées similaires concernant Ebola, ont depuis été promues par des personnes telles que l'acteur Steven Seagal, le leader de la Nation of Islam Louis Farrakhan et l'ancien président sud-africain Thabo Mbeki.

En janvier 2020, BBC News a publié un article sur la désinformation concernant le SRAS-CoV-2, citant deux articles du *Washington Times du* 24 janvier qui affirmaient que le virus faisait partie d'un programme chinois d'armes biologiques, basé au Wuhan Institute of Virology (WIV).

Des théories de conspiration similaires prétendent que les entreprises pharmaceutiques contribuent à la création de conditions et de maladies telles que l'ADHD, le HSV et le HPV.

Pandémie de COVID-19

Un certain nombre de théories du complot ont été avancées sur l'origine et le motif présumé du virus SRAS-CoV-2 et de sa propagation. Certains ont affirmé que le virus avait été fabriqué, qu'il pouvait s'agir d'une arme biologique chinoise ou américaine, d'un complot juif visant notamment à imposer des vaccinations ou des stérilisations de masse, d'une propagation dans le cadre d'une conspiration musulmane, d'un plan de contrôle de la population ou d'un lien avec les réseaux de téléphonie mobile 5G.

Les origines du SRAS-CoV-2 sont encore incertaines. En 2020, il y avait un large consensus sur le fait qu'il avait atteint les humains par transmission zoonotique à partir des chauves-souris. Cependant, en 2021, la possibilité que le virus se soit propagé à l'homme par une fuite de laboratoire de l'Institut de virologie de Wuhan a commencé à être sérieusement étudiée, bien que la plupart des experts s'accordent à dire qu'il est peu probable que le virus ait été modifié dans un laboratoire.

Fluoration

La fluoration de l'eau est l'ajout contrôlé de fluorure à un approvisionnement public en eau afin de réduire la carie dentaire. Bien que de nombreuses organisations de santé dentaire soutiennent cette fluoration, la pratique est combattue par les théoriciens de la conspiration. Ces derniers prétendent notamment qu'il s'agit d'un moyen d'éliminer les déchets industriels ou qu'elle existe pour masquer l'absence de soins dentaires pour les pauvres. Une autre théorie promue par la John Birch Society dans les années 1960 décrit la fluoration comme un complot communiste visant à affaiblir la population américaine.

Vaccination

On prétend que l'industrie pharmaceutique a monté une opération de camouflage du lien de causalité entre les vaccins et l'autisme. La théorie du complot s'est développée après la publication en Grande-Bretagne, en 1998, d'un article frauduleux rédigé par un ancien médecin discrédité, Andrew Wakefield. Le mouvement anti-vaccin qui en a résulté a été promu par un certain nombre de personnalités, dont Rob Schneider, Jim Carrey et l'ancien président américain Donald Trump, et a entraîné une augmentation des taux d'infection et de décès dus à des maladies telles que la rougeole et le COVID-19 dans de nombreux pays, dont les États-Unis, l'Italie, l'Allemagne, la Roumanie et le Royaume-Uni.

Les théories de conspiration sur les vaccins sont répandues au Nigeria depuis au moins 2003, ainsi qu'au Pakistan. Ces théories peuvent comporter des affirmations selon lesquelles les vaccins font partie d'un complot secret contre l'islam, et ont été liées à des fusillades de masse et à des attentats à la bombe dans des centres de vaccination dans ces deux pays.

Science et technologie

Le réchauffement de la planète

Une théorie de conspiration sur le réchauffement climatique allègue généralement que la science qui sous-tend le réchauffement climatique a été inventée ou déformée pour des raisons idéologiques ou financières. De nombreuses personnes ont promu de telles théories, notamment l'ancien président américain Donald Trump, le sénateur américain James Inhofe, le journaliste britannique Christopher Booker et le vicomte Christopher Monckton.

Projets de lutte contre les intempéries et les tremblements de terre

De nombreuses théories se rapportent à des projets réels ou supposés de contrôle du temps. Parmi ces théories, citons l'affirmation démentie selon laquelle HAARP, un programme de recherche en radio-technologie financé par le gouvernement américain, serait un système secret de contrôle du temps. Certains théoriciens ont attribué l'ouragan Katrina de 2005 à HAARP. HAARP a également été suggéré comme ayant d'une manière ou d'une autre causé des tremblements de terre, tels que le tremblement de terre de 2010 en Haïti, le tremblement de terre et le tsunami de 2011 au Tōhoku ou le tremblement de terre de 2013 à Saravan. Certaines allégations liées à HAARP font référence à la technologie de contrôle de l'esprit.

Les technologies d'ensemencement des nuages intéressent également les théoriciens de la conspiration. Il s'agit notamment d'une allégation démentie selon laquelle le projet Cumulus de l'armée britannique aurait causé l'inondation mortelle de 1952 à Lynmouth, dans le Devon, en Angleterre, et d'affirmations concernant un projet secret qui aurait causé les inondations de 2010 au Pakistan.

MKUltra

Les véritables recherches américaines des années 1950 et 1960 sur les techniques d'interrogatoire chimique et de contrôle de l'esprit ont donné lieu à de nombreuses théories du complot (comme le projet Monarch), surtout après l'ordre donné par le directeur de la CIA Richard Helm en 1973 de détruire tous les dossiers relatifs au projet. Parmi ces théories figure l'allégation selon laquelle la mort massive survenue à Jonestown en 1978 était liée à une expérience MKUltra.

Terre plate

La théorie de la Terre plate est apparue au XIXe siècle en Angleterre, bien que la nature sphérique de la Terre soit connue depuis au moins l'époque de Pythagore. Ces dernières années, elle a été promue par le consultant américain en logiciels Mark Sargent par le biais de vidéos sur YouTube. Les théoriciens de la conspiration des flat-earther soutiennent que la planète Terre n'est pas une sphère et que les preuves ont été falsifiées ou supprimées pour cacher le fait qu'il s'agit plutôt d'un disque, ou d'un plan unique et infini. Cette conspiration implique souvent la NASA. Ils affirment également que les dispositifs GPS sont truqués pour faire croire à tort aux pilotes d'avion qu'ils volent autour d'un globe.

Puces RFID

Les puces d'identification par radiofréquence (RFID), comme celles qui sont implantées dans les animaux domestiques pour les suivre, ont suscité l'intérêt des théoriciens de la conspiration qui affirment que cette technologie est secrètement implantée à grande échelle dans les humains. L'ancien conseiller municipal de Whitby, en Angleterre, Simon Parkes, a promu cette théorie, qui pourrait être liée aux théories du complot concernant la vaccination, la banque électronique et l'Antéchrist.

Suppression de la technologie

De nombreuses théories se rapportent à la suppression présumée de certaines technologies et énergies. Ces théories peuvent se concentrer sur la conspiration de la Société Vril, sur les allégations de suppression de la voiture électrique par les compagnies d'énergie fossile (comme le détaille le documentaire de 2006 *Who Killed the Electric Car ?*), et sur le cartel Phoebus, créé en 1924, qui a été accusé de supprimer les ampoules à longue durée de vie. D'autres allégations de longue date portent sur la suppression de la technologie du mouvement perpétuel et de la fusion à froid par des agences gouvernementales, des groupes d'intérêts spéciaux ou des inventeurs frauduleux.

Parmi les promoteurs de théories sur les énergies alternatives figurent Thomas Henry Moray, Eugene Mallove et Stanley Meyer, un fraudeur américain condamné.

Armement

Les théoriciens du complot s'intéressent souvent aux nouvelles technologies militaires, qu'elles soient réelles ou imaginaires. Parmi les sujets de théories, citons : la prétendue expérience de Philadelphie, une tentative supposée de rendre invisible un navire de guerre de la marine américaine ; le prétendu projet Montauk, un prétendu programme gouvernemental pour apprendre à contrôler l'esprit et à voyager dans le temps ; et la prétendue "bombe tsunami", qui aurait provoqué le tsunami de 2004 dans l'océan Indien.

Parmi les autres théories, citons l'affirmation démentie de Peter Vogel selon laquelle une explosion accidentelle de munitions conventionnelles à Port Chicago était en fait une détonation nucléaire, ainsi qu'une théorie promue par la chaîne de télévision publique vénézuélienne ViVe selon laquelle le tremblement de terre de 2010 en Haïti a été provoqué par une "arme antisismique" secrète des États-Unis.

Individus ciblés

Les théoriciens de la conspiration affirment que les agents du gouvernement utilisent des armes à énergie dirigée et la surveillance électronique pour harceler les membres de la population. Les théoriciens citent souvent les recherches sur les armes psychotroniques, les attaques sanitaires de Cuba et l'effet auditif des micro-ondes comme preuve de leur théorie. Il y a plus de 10 000 personnes qui s'identifient comme des individus ciblés.

Le phénomène des "individus ciblés" a été présenté dans des épisodes de la série *Conspiracy Theory with Jesse Ventura* et de l'émission *In Search Of....* de History Channel.

Faux historique

Certaines théories prétendent que les dates des événements historiques ont été délibérément faussées. Parmi celles-ci figure l'hypothèse du temps fantôme du conspirationniste allemand Heribert Illig, qui a publié en 1991 une allégation selon laquelle 297 années avaient été ajoutées au calendrier par des figures de l'establishment telles que le pape Sylvestre II afin de se positionner au moment du millénaire.

Une théorie comparable, connue sous le nom de Nouvelle Chronologie, est plus étroitement associée au théoricien russe Anatoly Fomenko. Selon Fomenko, l'histoire est plus courte de plusieurs siècles que ce que l'on croit généralement et de nombreux documents historiques ont été fabriqués, et des documents légitimes détruits, à des fins politiques. Parmi les adeptes de ces idées figure le grand maître d'échecs Garry Kasparov.

Une autre affirmation est que les gouvernements mondiaux ont caché des preuves de l'existence d'une civilisation mondiale avancée, ayant accès à l'énergie libre et partiellement peuplée de géants, appelée Tartaria, qui a été détruite dans les années 1800 par un grand cataclysme de type "inondation de boue", entraînant l'enfouissement de ses vestiges.

L'espace extra-atmosphérique

Les programmes spatiaux scientifiques présentent un intérêt particulier pour les théoriciens de la conspiration. Les théories les plus prolifiques prétendent que les alunissages américains ont été mis en scène par la NASA dans un studio de cinéma, certaines alléguant l'implication du réalisateur Stanley Kubrick. Le programme spatial soviétique a également suscité des théories selon lesquelles le gouvernement aurait dissimulé des preuves de l'échec des vols. Une théorie plus récente, apparue à la suite des activités du hacker Gary McKinnon, suggère qu'il existe un programme secret de flottes spatiales avec équipage, censé agir sous l'égide des Nations unies.

Les théoriciens du complot ont longtemps avancé l'hypothèse d'un complot mené par des organisations telles que la NASA pour dissimuler l'existence d'une grande planète dans le système solaire, connue sous le nom de Nibiru ou Planète X, qui passerait suffisamment près de la Terre pour la détruire. Les prédictions concernant la date de destruction ont porté sur 2003, 2012 et 2017. La théorie a commencé à se développer à la suite de la publication de *The 12th Planet* (1976), de l'auteur russo-américain Zecharia Sitchin, a pris sa forme définitive par Nancy Lieder, et a depuis été promue par le théoricien américain de la conspiration et de la fin des temps David Meade. La notion a reçu un regain d'attention durant la période précédant l'éclipse solaire du 21 août 2017. En 2017, d'autres théoriciens du complot ont également prédit l'apparition de Nibiru, notamment Terral Croft et le pasteur YouTube Paul Begley.

Sports

Boxe

La boxe a fait l'objet de théories du complot, comme les affirmations selon lesquelles le deuxième combat Ali-Liston et le premier combat Bradley-Pacquiao étaient truqués.

Shergar

Le vol et la disparition du cheval de course de race irlandaise Shergar en 1983 ont incité de nombreux théoriciens du complot à spéculer sur l'implication de la mafia, de l'IRA et du colonel Kadhafi.

Processus de sélection truqués

La "théorie de l'enveloppe gelée" suggère que la National Basketball Association a truqué sa loterie de 1985 pour que Patrick Ewing rejoigne les New York Knicks. Les théoriciens affirment qu'une enveloppe de loterie a été réfrigérée afin qu'elle puisse être identifiée au toucher. Une "théorie des boules chaudes" similaire, défendue par l'entraîneur de football écossais David Moyes, suggère que certaines boules utilisées lors des tirages au sort des compétitions de l'UEFA ont été chauffées pour obtenir des résultats spécifiques.

1984 Firecracker 400

L'édition 1984 du Firecracker 400 au Daytona International Speedway de Daytona, en Floride, a été la première course de NASCAR à laquelle a assisté un président américain en exercice, Ronald Reagan, et la 200e et dernière victoire en carrière du pilote Richard Petty. L'abandon prématuré du pilote rival Cale Yarborough sur la voie des stands a incité les théoriciens du complot à alléguer que les organisateurs avaient truqué la course afin de bénéficier d'une bonne publicité pour l'événement.

Ronaldo et la finale de la Coupe du monde 1998

Le jour de la finale de la Coupe du monde 1998, l'attaquant brésilien Ronaldo est victime d'une crise convulsive. Ronaldo est d'abord retiré de l'équipe de départ 72 minutes avant le match, la feuille de match étant rendue publique devant des médias mondiaux stupéfaits, avant d'être réintégré par le sélectionneur du Brésil peu avant le coup d'envoi. Il a été réintégré par le sélectionneur brésilien peu de temps avant le coup d'envoi. La nature de l'incident a déclenché une série de questions et d'allégations qui ont persisté pendant des années. Alex Bellos a écrit dans le *Guardian* : "Lorsque l'état de santé de Ronaldo a été révélé après le match, les circonstances uniques de la situation se sont prêtées à de fabuleuses théories de conspiration. Le sportif le plus célèbre du monde, sur le point de disputer le match le plus important de sa carrière, tombe soudainement et inexplicablement malade. Était-ce le stress, l'épilepsie, ou avait-il été drogué ?" Des questions ont également circulé pour savoir qui a fait jouer Ronaldo. Le sélectionneur du Brésil a insisté sur le fait qu'il avait le dernier mot, mais les spéculations se sont concentrées sur l'entreprise de vêtements de sport Nike, le sponsor multimillionnaire du Brésil - dont beaucoup de Brésiliens pensent qu'il avait trop de contrôle - qui a fait pression sur l'attaquant pour qu'il joue contre l'avis médical.

New England Patriots

Les New England Patriots ont également été impliqués dans de nombreuses théories du complot. Lors de leur victoire 24-20 sur les Jacksonville Jaguars dans le championnat AFC, plusieurs théories du complot se sont répandues, affirmant que les arbitres avaient aidé les Patriots à accéder au Super Bowl LII. Cependant, l'analyste sportif Stephen A. Smith a déclaré que les Jaguars n'avaient pas été volés, mais qu'ils ne pouvaient s'en prendre qu'à eux-mêmes pour cette défaite. Il y a également eu des théories du complot concernant le match du Super Bowl LI entre les Patriots et les Falcons d'Atlanta, affirmant que le match était truqué, tandis que d'autres ont déclaré que les Falcons avaient fait des choix de jeu douteux à la fin du match, ce qui leur a fait perdre une avance de 28-3.

Les théories du complot dans la politique américaine

Les théories du complot dans la politique américaine sont définies comme des croyances selon lesquelles un événement ou une situation est le résultat d'un plan secret élaboré par des personnes puissantes cherchant à nuire à un groupe rival ou à miner la société en général.

Ces théories s'inspirent de conspirations réelles, dans lesquelles des individus travaillent ensemble en secret pour démanteler un système plus vaste. Souvent, la lutte entre une véritable théorie du complot et une idée fausse de celle-ci conduit à des conflits, à la polarisation des élections, à la méfiance envers le gouvernement et à des divisions raciales et politiques.

De nombreuses conspirations politiques naissent et se propagent à partir de circonstances politiquement chargées, des affiliations partisanes des individus et des plateformes en ligne qui forment des chambres d'écho avec des individus partageant les mêmes idées. La croyance dans les théories de conspiration politique américaine s'applique à tous les partis, idéologies, races, ethnies, niveaux socio-économiques et sexes.

Contributions

Peur circonstancielle

Les théories du complot apparaissent souvent lors de nouvelles circonstances politiques ou sociales dans lesquelles un groupe de personnes se sent menacé par un autre groupe qui est politiquement, religieusement, ethniquement, racialement ou économiquement différent. Ces théories ont vu le jour dès la colonisation européenne des Amériques, lorsque les colonisateurs ont considéré les Amérindiens comme une menace. Par conséquent, de nombreux colonisateurs, dont Cotton Mather, ont émis l'hypothèse que les Amérindiens étaient contrôlés par le diable. Certains croyaient même au "mythe du super-chef" selon lequel chaque attaque indigène était orchestrée par un chef de tribu, qui contrôlait des milliers de soldats amérindiens et s'efforçait d'éliminer les Blancs.

Des théories sont également apparues en réponse à la contre-culture, au féminisme et à l'anti-guerre des années 1960. De nombreux conservateurs se sentaient menacés et ont commencé à croire que ces mouvements avaient été formés avec des motivations communistes pour saper le gouvernement américain. Dans les années 1990, de nombreux théoriciens du complot de droite ont également craint que les Clinton ne soient impliqués dans des cartels de la drogue et des assassinats. Certains ont théorisé que le gouvernement plante des drogues dans les quartiers majoritairement noirs pour engendrer un plus grand taux d'incarcération et de criminalité dans la communauté. En 2020, les théories du complot se sont répandues pendant la pandémie de coronavirus, en partie à cause de l'anxiété accrue, du nombre plus important de personnes restant à la maison et de l'attention plus grande portée à l'Internet et aux médias sociaux. L'une de ces conspirations qui a proliféré à partir de l'élection présidentielle de 2020 est QAnon.

Les théories du complot existent en raison de la peur de l'autre ou de la frustration liée à la privation de ses propres droits. Elles sont corrélées à une augmentation des changements sociaux, politiques ou économiques et sont des réponses pour rationaliser l'anxiété face aux événements, et elles les mettent en contexte avec les idéaux et les lois du pays. Frank Donner, un avocat spécialiste des libertés civiles des années 1980, a affirmé :

En particulier dans les périodes de stress, des explications exagérées et fébriles d'une réalité importune remontent à la surface de la vie américaine et suscitent l'adhésion. [Les nouveaux mouvements conspirationnistes] mettent en lumière un contraste frappant entre nos prétentions à la supériorité, voire notre mission en tant que nation rédemptrice chargée d'instaurer un nouvel ordre mondial, et l'extraordinaire fragilité de notre confiance dans nos institutions. [Cela a conduit certains observateurs à conclure que nous sommes, inconsciemment, assez peu sûrs de la valeur et de la permanence de notre société.

Les théories du complot apparaissent chez toutes les races et tous les partis en raison de la peur de la déstabilisation d'une société et d'un pays et de l'impact que cela pourrait avoir sur sa propre vie. Selon James Davis, professeur de psychologie à l'université bénédictine, les théories du complot peuvent être classées en trois catégories :

Une étude récente propose trois catégories de motivations qui sous-tendent la croyance dans les théories du complot.... La motivation des gens à rechercher des explications causales pour réduire l'incertitude... et pour se sentir en contrôle et en sécurité dans leur vie..... Une troisième motivation pour l'adhésion à la théorie du complot est le désir des individus de se voir eux-mêmes et leur groupe sous un jour plus positif.

Structures de classe et manque de confiance dans le gouvernement

La structure de classe est également susceptible d'influencer la croyance d'une personne dans une théorie de conspiration politique. Les personnes ayant un faible revenu, un manque d'éducation supérieure ou un manque d'emploi sûr sont plus susceptibles de croire à une conspiration en raison d'un sentiment général d'impuissance. Ce manque de contrôle est corrélé à la classe sociale : il a été prouvé que les personnes appartenant à des classes supérieures ont le sentiment de mieux contrôler leur vie, leur emploi, leur éducation et leur niveau de vie. Un statut socio-économique faible peut générer une anxiété politique et économique et un désir d'expliquer les circonstances désastreuses. Cette impuissance peut conduire plusieurs personnes à trouver une explication psychologiquement apaisante : l'idée qu'un groupe d'acteurs gouvernementaux complote contre eux.

Les personnes ayant fait des études supérieures ou ayant un niveau de QI plus élevé s'adonnent quand même aux théories du complot. En fait, de nombreuses théories du complot exigent un effort mental substantiel pour être comprises. Les croyants ne se définissent pas seulement par leur classe sociale ; ils s'engagent également dans le phénomène psychologique du biais de confirmation dans lequel ils acceptent les informations validant leurs croyances et rejettent celles qui sont incompatibles avec leurs théories.

De nombreuses personnes vivent également dans des situations où des politiques gouvernementales spécifiques peuvent provoquer une détresse économique. Par exemple, de nombreux Américains pensent que le gouvernement oblige les industries de la santé à cacher le remède contre le cancer. Ils prennent également des médicaments qui ne sont pas approuvés par la Food and Drug Administration parce qu'ils ne font pas confiance à l'industrie médicale. Cette attitude découle probablement d'une crainte et d'une frustration à l'égard des politiques américaines actuelles en matière de santé publique. De nombreux Américains malades n'ont pas les moyens de se faire soigner et peuvent se tourner vers des sources qui accusent l'industrie médicale, y compris les conspirations. Cela peut également provenir d'une crainte historique du manque de transparence ou de vérité du gouvernement en matière de médicaments, puisque les médecins américains ont autrefois approuvé le mercure, les matériaux radioactifs et les cigarettes et les ont faussement considérés comme sains.

Affiliations partisanes

Les affiliations partisanes déterminent parfois la croyance dans les théories du complot, mais cela dépend de la théorie. Il existe une corrélation entre les partis politiques et les croyances dans la conspiration des "birther", la conspiration de l'assassinat de Kennedy, la conspiration des "truther", la théorie de la "branche de la digue" et la conspiration du "death panel". La loyauté partisane affecte les croyances dans certaines théories, et la "pensée conspiratoire", une paranoïa générale à l'égard du gouvernement, en détermine d'autres. Les conspirations directement liées à l'administration Obama (par exemple, les conspirations des "birthers" et du "death panel") penchent politiquement à droite, et les démocrates sont moins susceptibles de croire aux théories qui font pression contre Obama et ses politiques. Quant aux théories de la conspiration de la "branche de la digue", des "truther" et de l'assassinat de Kennedy, les deux partis politiques avaient un nombre similaire de personnes qui y croyaient. Les personnes qui croyaient en ces théories spécifiques avaient également une affinité antérieure pour la pensée conspiratrice ou la remise en question de la crédibilité des acteurs gouvernementaux. Cependant, il a également été étudié que les adeptes de la pensée conspirationniste peuvent être plus axés sur un état d'esprit anti-gouvernemental en raison de leur manque de confiance dans les autorités supérieures, plutôt que sur une théorie ou un parti spécifique.

Chaque groupe partisan a tendance à croire aux conspirations qui visent le parti opposé parce qu'il ne croit pas aux idéologies et aux politiques de ce dernier. Par conséquent, les conspirations peuvent provenir des deux affiliations politiques. En fait, le politologue Joseph Uscinski, de l'Université de Miami, a déclaré que "les deux camps pensent de la même façon aux conspirations..... Personne n'a le monopole".

Intuitionnistes et rationalistes

Les partis politiques ne sont pas les seuls à déterminer la cause de la pensée conspiratoire. L'intuitionnisme et le rationalisme sont plutôt deux schémas psychologiques de pensée qui peuvent déterminer des conspirations spécifiques et peut-être même catalyser les divisions partisanes. L'intuitionnisme consiste à ce que les individus se fient à leurs réponses émotionnelles aux événements actuels et utilisent ensuite des heuristiques pour créer une explication du pourquoi de ces événements. Les rationalistes, quant à eux, déterminent les causes et les effets des événements sur la base de preuves quantitatives. Les intuitionnistes et les rationalistes croient tous deux aux conspirations, mais les intuitionnistes s'associent plus souvent aux conspirations pour leur association avec des données émotionnelles plus qualitatives issues de l'anxiété de la société.

Polarisation

La polarisation actuelle se produit en raison d'une pensée de plus en plus d'extrême-droite et d'extrême-gauche, et peut également provenir du conflit entre intuitionnistes et rationalistes. Comme les deux ont des modes de pensée différents, si un conservateur intuitionniste discute avec un libéral rationnel ou vice versa, un désaccord apparaît. Au cours de l'histoire, l'aile droite est devenue de plus en plus intuitionniste, utilisant souvent des raisonnements bibliques ou chrétiens pour justifier ses convictions politiques ou sa confiance dans les conspirations. L'aile gauche est généralement associée à une croyance fondée sur la pensée quantitative, plutôt que sur l'affiliation religieuse. Les croyances conspirationnistes peuvent provenir d'une mauvaise interprétation des données numériques.

Souvent, les partis politiques adoptent la mentalité du "nous contre eux" pour comprendre les théories et pensent que le parti opposé est à l'origine de la conspiration. En liant des théories spécifiques à l'affiliation politique, de nombreux membres des partis se polarisent. En fait, Steven Smallpage, Adam Enders et Joseph Uscinski, chercheurs politiques et auteurs de *Research and Politics*, ont expliqué :

Bien que les théories du complot soient souvent attribuées à des hoquets cognitifs, des traits psychologiques ou des psychopathologies, elles suivent en fait les contours de batailles partisanes plus familières à l'ère de la polarisation..... De nombreuses théories du complot fonctionnent davantage comme des *attitudes partisanes associatives* que comme des marqueurs d'une psychologie aliénée.

Les théories du complot ne relèvent pas uniquement de la psychologie mais reflètent généralement les divisions de la société. Lorsque les conspirations se multiplient, les divisions politiques ne font que croître avec elles.

L'ignorance politique

Le manque de sensibilisation aux questions politiques peut également perpétuer la croyance dans les théories du complot. Souvent, parce que les individus croient qu'ils n'ont "qu'une voix" qui a peu d'impact, ils sont peu motivés pour examiner la politique de manière objective ou pour découvrir des informations crédibles sur les événements actuels. Les personnes apathiques à l'égard de la politique peuvent rester ignorantes des problèmes. Comme les électeurs s'accrochent à l'ignorance et à l'apathie, certains se soucient peu de savoir si les informations politiques sont biaisées ou parfois même vraies. Le manque de connaissances sur le fonctionnement des systèmes politiques, ou sur un candidat politique donné, rend les gens beaucoup plus susceptibles de croire des affirmations extrêmes ou fausses, comme les théories du complot.

Chambres d'écho et propagation

Les théories du complot ont évolué avec les médias. YouTube, Facebook, Instagram, Twitter, Pinterest et d'autres sites de médias sociaux utilisent des algorithmes pour faire apparaître des messages, des vidéos et des informations en corrélation avec les recherches et les intérêts passés. Les utilisateurs conservateurs reçoivent généralement des informations conservatrices, les utilisateurs libéraux des informations libérales, et toutes les opinions intermédiaires sont susceptibles de recevoir la même chose. Les médias sociaux sont un élément clé dans la création de chambres d'écho pour les théoriciens de la conspiration.

Un exemple de chambre d'écho est Alex Jones, l'animateur du talk-show *InfoWars*. Animateur d'extrême droite qui discute et analyse les questions politiques, Jones a fréquemment évoqué des informations jugées extrêmes et parfois même fausses, plusieurs fois avec peu de preuves pour étayer ses affirmations. En raison de la capacité de YouTube, Twitter, Facebook, Instagram et d'autres plateformes de médias sociaux à mettre en relation des individus ayant une pensée et des croyances similaires, InfoWars et sa communauté se sont rapidement développés, et les individus partageant les mêmes idées ont reçu des informations extrêmes qu'ils étaient plus susceptibles de croire en raison de leurs affiliations politiques.

Nationalisme et multiculturalisme

La crainte d'une nation divisée, ou la définition de ce que signifie être "américain" sont également à l'origine de plusieurs conspirations. Souvent, lorsqu'une nationalité, une ethnie, une orientation sexuelle ou un sexe diffère des identités spécifiques auxquelles une personne est déjà affiliée, la peur d'un renversement national, de l'oppression par un groupe distinct ou d'une attaque contre son propre mode de vie forme une mentalité distincte de "nous contre eux". Lorsque ces peurs et ces mentalités prolifèrent au sein de groupes partageant les mêmes idées, des théories du complot se forment sur la partie adverse pour justifier l'existence et les croyances du groupe.

Par exemple, des conspirations ont été perpétuées dans la communauté afro-américaine, selon lesquelles le gouvernement américain aurait instillé le SIDA ou la cocaïne dans la population, ce qui suit la peur d'un groupe opprimant un autre (dans ce cas, les Américains blancs). Des conspirations ont également été créées concernant les Amérindiens, qui soit s'opposent à eux, soit les défendent.

Robert Alan Goldberg, professeur d'histoire à l'université de l'Utah, affirme également que les groupes stigmatisés comme les groupes plus privilégiés sont aux prises avec des théories de conspiration sur l'autre :

"Rappelez-vous un mot typiquement américain - Un-American. Il n'existe pas d'équivalent non français, non suédois ou non israélien.

Les Américains nourrissent cette suspicion, le danger de trahison de l'intérieur...."

Les Américains ont peur de voir leur identité d'"'Américains" entamée par l'"autre" groupe qui est différent d'eux sur le plan culturel, ethnique, racial ou religieux. Ainsi, plusieurs complots ont affecté la vie sociale des indigènes, des noirs et des blancs.

Impacts

Élections

Plusieurs conspirations ont été générées à partir des élections ; l'une d'entre elles, spécifique aux élections, est la croyance en la fraude électorale. La crainte que les bulletins de vote aient pu être falsifiés ou émis de manière incorrecte concerne tous les partis politiques, tous les sexes et toutes les races. Les affiliations partisanes et la pensée conspirationniste sont toutes deux en cause. Avant l'élection, la croyance en une fraude électorale généralisée influençant les résultats de l'élection provenait généralement de la pensée conspiratrice et de la méfiance à l'égard des autorités supérieures. Après l'élection, la croyance en la fraude était susceptible d'être liée à des affiliations partisanes et provenait généralement du parti perdant. Si les démocrates et les républicains croient en la fraude électorale, ils pensent généralement à des types de fraude différents. Les républicains craignent souvent les bulletins de vote illégaux, comme ceux des non-citoyens, et les démocrates s'inquiètent que leurs partisans soient empêchés de voter par la suppression des électeurs. Les théories du complot, la peur du parti opposé et l'influence qu'il exerce peuvent également pousser les citoyens à voter et influencer les résultats d'une élection.

2016

Pendant l'élection présidentielle de 2016 entre Hillary Clinton et Donald Trump, de nombreuses théories du complot se sont développées et répandues sur les médias sociaux à propos du candidat opposé, en particulier des théories contre Clinton ou les autres adversaires de Trump. En conséquence, les médias sociaux, en particulier Facebook, ont été critiqués pour avoir attisé le feu des fake news. Étant donné que 44 % des Américains reçoivent leurs informations de Facebook, certains affirment que si Facebook ne filtre pas la désinformation dans les messages extrêmes, les conspirations pourraient être dangereuses. Beaucoup argumentent également sur les conflits potentiels de la censure avec le premier amendement.

2020

En réponse à l'élection présidentielle de 2020 et aux craintes générées par la victoire de Trump ou de Joe Biden, plusieurs conspirations se sont répandues sur les médias sociaux, en particulier sur Facebook et

Twitter. La théorie du complot QAnon est née aux États-Unis et prétend que Trump se bat contre une cabale de l'État profond composée de démocrates "abuseurs d'enfants" et "adorateurs de Satan". QAnon est une conspiration qui compte de nombreux adeptes et a généré plus de 100 millions de commentaires et de likes sur Facebook au cours de la seule année 2020.

Le nombre d'adhérents à QAnon n'est pas clair, mais le groupe a de nombreux adeptes en ligne. Beaucoup ont exprimé la crainte que l'influence de QAnon et sa croyance que Donald Trump sauvera le monde lui fassent soutenir les menaces de Trump pour empêcher un transfert pacifique du pouvoir. Cependant, depuis que l'Associated Press a déclaré Biden vainqueur de l'élection présidentielle de 2020, les adeptes de QAnon ont vécu une crise de foi ou sont dans le déni et croient que Trump travaille dans les coulisses pour vaincre les "forces de l'ombre" qui ont déterminé la victoire de Biden.

Facebook a interdit plus de 790 groupes liés à QAnon, 100 pages et 1 500 publicités pour tenter de le dissiper. Instagram a également pris des mesures en restreignant plus de 10 000 comptes pour lesquels QAnon pourrait avoir un effet sur la population et l'élection. Pour éviter la création d'écho-chambres et une plus grande polarisation politique, Facebook empêche les groupes QAnon de se former mais permet aux individus de poster leur soutien occasionnellement. Facebook a également empêché les adeptes d'organiser des collectes de fonds et de vendre des marchandises afin de récolter des fonds pour l'organisation. Après que Trump a perdu l'élection au profit de Biden, les mises à jour de Q ont diminué de façon spectaculaire, le dernier message de Q ayant été publié en décembre 2020. Les croyances de QAnon sont devenues une partie des tentatives de renverser l'élection et ont culminé avec l'attaque du Capitole des États-Unis par des partisans de Trump. Cela a conduit à une nouvelle répression du contenu lié à QAnon sur les médias sociaux.

La théorie du complot de l'élection volée prétend que l'élection présidentielle américaine de 2020 a été "volée" à Donald Trump, qui a perdu cette élection au profit de Joe Biden. Elle justifie les tentatives visant à renverser l'élection présidentielle américaine de 2020, notamment la prise d'assaut du Capitole des États-Unis en 2021. Une variante particulière de cette théorie est la théorie du complot "Soros a volé l'élection" qui prétend que George Soros a volé l'élection à Trump. Les sondages réalisés depuis les lendemains de l'élection de 2020 ont toujours montré que la majorité des républicains pensent que l'élection a été "volée" à Trump.

Liste des théories de la conspiration

- Le SIDA et la communauté afro-américaine : Déclarations selon lesquelles l'épidémie de SIDA a en fait été lancée par le gouvernement américain pour priver la communauté afro-américaine de ses droits et l'affaiblir. Ces idées ont été promues par les grands médias noirs et les célébrités, renforçant ainsi les croyances conspirationnistes. Certaines théories affirment qu'il existe déjà un remède à la maladie, mais que les entreprises pharmaceutiques le cachent au grand public. Certains attribuent la popularité de cette théorie du complot aux mauvais traitements subis par la communauté afro-américaine au cours de l'histoire et affirment que ces mauvais traitements ont engendré une anxiété et une méfiance généralisées à l'égard des systèmes gouvernementaux américains.

- L'hésitation vaccinale est une réticence et souvent un refus de se faire vacciner ou de faire vacciner ses enfants, par crainte de complications vaccinales rares. Elle est souvent encouragée par les théories du complot. La croyance selon laquelle il existe un lien entre les vaccins et l'autisme a été largement réfutée, mais de fausses informations continuent de circuler et de fonder de telles affirmations de conspiration. L'opposition à la vaccination a été désignée comme l'une des dix principales menaces pour la santé publique en 2019 par l'Organisation mondiale de la santé et sa prévalence est en augmentation.

- La zone 51, également connue sous les noms de *Dreamland* et *Paradise Ranch*, est une base de l'armée de l'air américaine située dans le Nevada Test and Training Range, à environ 120 miles au nord-ouest de Las Vegas. Créée à l'origine à des fins de développement de la surveillance, la zone 51 est devenue un sujet de conspiration. Nombreux sont ceux qui pensent qu'il s'agit d'un centre de test pour les vaisseaux spatiaux écrasés et d'un centre de rencontre pour les extraterrestres. Bien que ces théories aient été réfutées et expliquées par l'armée américaine, son véritable objectif n'est toujours pas clair car il reste entouré de secret.

- Théories du complot sur la citoyenneté de Barack Obama : Le terme "birther" désigne une personne qui souscrit à la théorie du complot selon laquelle l'ancien président Barack Obama n'est pas né aux États-Unis. Cette fausse allégation a été faite pour la première fois en 2004 par Andy Martin, qui a affirmé qu'Obama était un musulman caché plutôt qu'un chrétien protestant, comme il l'a déclaré publiquement. La théorie a été amplifiée par Donald Trump en 2011, en pleine spéculation sur une candidature à la présidence, lorsqu'il a affirmé que quelque chose clochait dans le certificat de naissance d'Obama. Ce dernier a ensuite rendu public son certificat de naissance, qui montrait qu'il était en fait né à Honolulu, à Hawaï.

- La théorie du complot Biden-Ukraine trouve son origine dans un courriel adressé en avril 2015 à Hunter Biden par Vadym Pozharskyi, conseiller d'une société énergétique privée ukrainienne, pour remercier Hunter Biden de l'avoir invité à rencontrer son père, Joe Biden, alors vice-président des États-Unis. Joe Biden a été accusé de participer à des activités de corruption impliquant l'Ukraine ainsi que de trafic d'influence pour servir la carrière de son fils. Donald Trump et certains de ses partisans conservateurs ont mis en avant cette théorie du complot dans l'espoir de faire dérailler la campagne présidentielle de 2020 de Joe Biden.

- La désinformation sur le COVID-19 : Après le début de la pandémie de COVID-19 au début de 2020, de fausses informations concernant le lieu d'origine du virus, son traitement, son diagnostic, etc. ont été largement diffusées par les médias sociaux, les organes d'information et les partis pris politiques. Cela a provoqué une "infodémie", comme la surnomme l'Organisation mondiale de la santé. Les nombreuses fausses affirmations concernant le traitement du virus ont causé des dommages sur différents fronts de la lutte pour le maîtriser.

- État profond : L'expression "État profond" fait référence à la croyance selon laquelle des personnalités cachées au sein des structures de pouvoir américaines, telles que la CIA et le FBI, contrôlent la politique américaine à la place des représentants élus de la nation.

- Panneau de la mort : Inventé par l'ancienne gouverneure de l'Alaska et candidate républicaine à la vice-présidence en 2008, le "panel de la mort" fait référence à la théorie politiquement chargée selon laquelle les soins de santé publics conduiraient à un contrôle gouvernemental et aboutiraient à des panels de politiciens et de médecins qui décideraient du sort des personnes âgées, handicapées et physiquement vulnérables en Amérique. Aucun changement ou mise en œuvre de politique, à l'époque ou depuis, n'a prouvé de manière factuelle la véracité de ces affirmations.

- Faux drapeaux : L'expression "faux drapeau" trouve son origine dans le fait que des navires pirates arboraient de faux drapeaux aux couleurs de nations reconnues afin de convaincre les navires marchands qu'ils ne risquaient rien en traitant avec eux. Depuis lors, le terme a été adopté pour décrire une opération menée par une nation ou un peuple, puis attribuée à un autre pour détourner ou cacher la responsabilité. Des opérations sous faux drapeau documentées ont été menées par de nombreuses nations à différentes époques de la guerre. Si certaines de ces opérations se sont avérées réelles, d'autres sont attribuées au gouvernement américain sous le couvert d'une opération sous faux drapeau, comme les théories de la conspiration du 11 septembre.

- La théorie de la conspiration des camps de la FEMA : La croyance selon laquelle la Federal Emergency Management Agency prépare des camps de concentration autour des États-Unis pour y détenir ses citoyens une fois la loi martiale déclarée. Ces idées sont apparues pour la première fois en 1982 dans un bulletin d'information parrainé par un groupe d'extrême droite qui estimait que les citoyens les plus patriotes étaient les plus exposés au risque d'être emprisonnés, torturés, voire tués. Les théories du complot impliquant la FEMA persistent encore dans les salons de discussion et les médias sociaux des ultraconservateurs d'aujourd'hui.

- Mort de Jeffrey Epstein : Jeffrey Epstein était un délinquant sexuel, un trafiquant sexuel et un courtier financier condamné. Peu après son arrestation et sa condamnation à New York, il a été emmené et placé au Metropolitan Correctional Center, dans le Lower Manhattan. Le 10 août 2019, il a été retrouvé dans sa cellule avec d'importantes contusions au cou. Inconscient et en arrêt cardiaque, Epstein a été emmené à l'hôpital du centre-ville de New York, où il a ensuite été déclaré mort par suicide. Epstein était bien relié aux élites politiques, culturelles et fiscales et avait des amis et des ennemis haut placés, de sorte que beaucoup pensent qu'il ne s'est pas suicidé. Les théories du complot entourant sa mort l'ont attribué à la fois à la famille

Clinton et à Donald Trump, prétendument motivés par des informations qu'Epstein aurait pu détenir et qui nuiraient à des personnalités puissantes. De multiples enquêtes ont été lancées par le Federal Bureau of Investigation et le Bureau of Prisons sur la mort d'Epstein, mais aucune conclusion définitive n'a été tirée.

- Théories de la conspiration sur l'assassinat de John F. Kennedy : Le 22 novembre 1963, le président américain John F. Kennedy est abattu d'une balle dans la tête lors d'un voyage de campagne à Dallas, au Texas. Il est mort à 13 heures cet après-midi-là au Parkland Memorial Hospital. Les théories du complot entourant la mort de Kennedy vont de l'implication du gouvernement cubain à celle du vice-président Lyndon B. Johnson.

- L'assassinat de Malcolm X : Malcolm X, leader nationaliste noir et membre éminent de la Nation of Islam (NOI), a été assassiné le 21 février 1965, alors qu'il prononçait un discours à Manhattan. Son assassin n'a toujours pas été identifié, ce qui alimente les théories du complot autour de sa mort. La théorie la plus répandue est que sa mort a été commanditée par la Nation de l'Islam, puisqu'il avait un différend avec elle. Les membres de sa famille cherchent toujours activement des réponses à sa mort prématurée.

- Théories de la conspiration sur l'assassinat de Martin Luther King Jr : Le 4 avril 1968, le militant et leader des droits civiques Martin Luther King Jr. a été assassiné. Il y a eu de nombreuses conspirations concernant sa mort, certaines impliquant même le gouvernement américain. La famille King s'est ouvertement opposée à la condamnation de l'assassin présumé, James Earl Ray, et pense que la mort de King a été causée par des "forces plus puissantes". Sa femme, Coretta Scott King, soutient fermement que sa mort est le fruit d'une "conspiration de haut niveau" impliquant peut-être la mafia américaine et le gouvernement américain.

- Théories de conspiration sur l'alunissage : Le 20 juin 1969, les astronautes Neil Armstrong et Buzz Aldrin sont devenus les premiers êtres humains à poser le pied sur la lune. Plus de 530 millions de personnes ont assisté à l'une des plus grandes réalisations humaines. Dans les années qui ont suivi, certains Américains en sont venus à croire que cet événement n'était qu'un canular très coûteux créé par le gouvernement américain. Les théories du complot concernant l'alunissage ont commencé à être popularisées au milieu des années 1970 après de nombreuses démonstrations de malhonnêteté gouvernementale telles que les Pentagon Papers et le scandale du Watergate. La plupart des allégations de falsification de l'alunissage sont liées à diverses "erreurs" dans les photographies et les vidéos prises pendant l'événement. Une théorie, fondée sur la représentation de l'espace dans son film de 1968 *2001 : l'Odyssée de l'espace*, veut que le célèbre réalisateur Stanley Kubrick ait en fait mis en scène et filmé l'alunissage. Ces affirmations ont depuis été démenties par divers experts, mais elles continuent de vivre dans le cinéma américain, la culture populaire et les sites web.

- Théorie du complot de la surprise d'octobre : L'expression "October surprise" a été inventée par l'administration Reagan lors des tumultueuses élections de 1980. Quelques minutes après la fin du discours inaugural de Reagan, la République islamique d'Iran a libéré les 66 Américains qu'elle détenait en otage depuis le 4 novembre 1979. Le timing incroyable de cette libération a fait croire à beaucoup que l'administration Reagan avait conclu un accord avec le gouvernement iranien pour retarder la libération des otages jusqu'après l'inauguration. Depuis cet épisode, l'expression "surprise d'octobre" est utilisée pour décrire les informations et les événements qui attirent l'attention dans les derniers jours précédant une élection présidentielle, comme la publication par WikiLeaks des discours d'Hillary Clinton à Wall Street ou la diffusion d'une vidéo dans laquelle Donald Trump se vante d'avoir agressé sexuellement des femmes.

- La théorie du complot du Pizzagate : Un mois avant l'élection présidentielle de 2016, certains partisans d'extrême droite de Donald Trump ont utilisé un forum Reddit et un tableau de messages 4chan pour fouiller dans un compte de messagerie électronique piraté de John Podesta, l'ancien président de campagne d'Hillary Clinton, à la recherche d'un scandale potentiel. Ils ont trouvé une correspondance sur un dîner entre Podesta et son frère, avec des propos impliquant une pizza. Les conservateurs ont fait le lien entre l'expression "cheese pizza" et "c.p." pour child pornography, une abréviation souvent utilisée dans les chatrooms pédophiles. Le lien entre Podesta et James Alefantis, le propriétaire de Comet Ping Pong, une pizzeria de Washington, a rapidement conduit les internautes à lancer des théories de conspiration sur un réseau de trafic sexuel d'enfants impliquant Hillary Clinton, Barack Obama et d'autres démocrates très en vue. D'autres théories impliquaient des tunnels souterrains, des salles de mise à mort, du satanisme et même du cannibalisme. Le 4 décembre 2016, un homme de 28 ans, Edgar M. Welch, est venu en voiture de Caroline du Nord avec un pistolet de style militaire dans l'espoir de libérer les enfants esclaves sexuels qu'il supposait être retenus prisonniers dans le restaurant de Washington. Il a été rapidement appréhendé et arrêté après avoir tiré un coup de feu mais sans blesser personne. Le restaurant a été fouillé et aucune preuve d'un tel réseau de trafic sexuel n'a été trouvée, mais les théories du #Pizzagate persistent sur les médias sociaux.

- QAnon est une théorie du complot créée par des partisans d'extrême droite de Donald Trump. Les adeptes de QAnon croient que le monde occidental est dirigé par un groupe d'élites pédophiles satanistes de "l'État profond" et que Trump a pour mission de les vaincre, ce qu'il est censé faire le jour de "la tempête". Le terme "QAnon" provient d'un utilisateur anonyme de 4chan, "Q", qui prétendait être un initié du gouvernement avec une autorisation de haut niveau "Q" et des informations spéciales impliquant l'administration Trump. Des millions de personnes souscrivent désormais à la théorie de QAnon, dont certains politiciens, des célébrités et de nombreuses mères de famille.

- Théories de la conspiration sur la fusillade de l'école primaire Sandy Hook : Le 4 décembre 2012, un homme nommé Adam Lanza a tiré et tué sa propre mère ainsi que 20 élèves de l'école primaire Sandy Hook, six membres du personnel, puis lui-même. Presque immédiatement après la tragédie, des théories du complot ont commencé à circuler sur la cause de l'attaque. Alimentées par des théoriciens du complot d'extrême droite comme Alex Jones, beaucoup ont adhéré à l'idée que l'événement avait été orchestré par le gouvernement américain pour promouvoir l'application et le renforcement des lois sur les armes à feu. Après avoir été poursuivi en justice par de nombreux parents de victimes, Alex Jones est revenu sur ses déclarations antérieures. Ces théories du complot, bien que contestées, continuent de porter préjudice aux victimes de

Sandy Hook. Les victimes ont par la suite poursuivi avec succès Jones pour diffamation.

- Les Illuminati : Les Illuminati, également connus sous le nom de Nouvel Ordre Mondial, sont le groupe supposé d'élites qui contrôle secrètement le monde entier. Le terme était à l'origine le nom d'un groupe de libre pensée pour les penseurs laïques en Bavière. Il a finalement été fermé par l'Église catholique, mais beaucoup pensent qu'il s'est simplement caché et qu'il a fini par devenir le Nouvel Ordre Mondial d'aujourd'hui. Les partisans de ces théories du complot pensent que certains symboles souvent utilisés dans l'imagerie américaine sont des moyens de communication secrets utilisés par les Illuminati, comme l'œil d'Horus sur le dollar américain. Une autre croyance est que des célébrités spécifiques (Beyoncé, Jay-Z, Eminem, etc.) ont été tuées et remplacées par des clones pour laver le cerveau de la société. Aucune de ces affirmations n'est fondée sur des faits, mais la théorie de la conspiration des Illuminati reste l'une des plus populaires en Amérique.

- Les affiliations Trump-Ukraine : La théorie du complot Trump-Ukraine fait référence à Trump et à ses associés attribuant la fraude électorale lors de l'élection présidentielle américaine de 2016 à l'Ukraine plutôt qu'à la Russie, contrairement aux preuves provenant de diverses sources historiquement fiables. Parallèlement à ces théories, des accusations sont portées contre Joe Biden et son fils, Hunter Biden, en affiliation avec l'Ukraine. En août 2019, un officier de la CIA devenu lanceur d'alerte a déposé une plainte selon laquelle Trump sollicitait une intervention électorale étrangère dans l'élection présidentielle américaine de 2020. Une enquête officielle a alors été menée par la Chambre des représentants des États-Unis, et Trump a ensuite été mis en accusation et jugé. Aucune preuve de l'ingérence de l'Ukraine dans l'élection de 2016 n'a été trouvée. Trump a été acquitté.

- Les théories de la conspiration du 11 septembre : Le 11 septembre 2001, près de 3 000 Américains sont morts à la suite des attaques terroristes contre le World Trade Center et le Pentagone. Quatre avions commerciaux ont été détournés par des extrémistes islamiques et se sont écrasés sur le Pentagone, un champ de Pennsylvanie et les tours jumelles, ce qui a changé à jamais l'horizon de la ville de New York. Peu après cet événement tragique, des théories du complot se sont formées et répandues. Nombreux sont ceux qui pensent qu'Al-Qaïda n'est pas entièrement responsable des attentats et que le gouvernement américain l'est en partie, car il n'a pas agi en fonction des informations avancées qu'il avait reçues concernant les attentats. L'une des théories les plus populaires est que les crashs d'avions ont été utilisés pour dissimuler des démolitions contrôlées à l'intérieur des bâtiments.

Théories de conspiration sur l'alunissage

Les théories de conspiration sur l'alunissage prétendent que certains ou tous les éléments du programme Apollo et les alunissages associés étaient des canulars mis en scène par la NASA, éventuellement avec l'aide d'autres organisations. L'affirmation la plus notable est que les six alunissages en équipage (1969-1972) ont été truqués et que douze astronautes d'Apollo n'ont pas réellement marché sur la Lune. Depuis le milieu des années 1970, divers groupes et individus ont affirmé que la NASA et d'autres organismes ont sciemment trompé le public en lui faisant croire que les alunissages avaient eu lieu, en fabriquant, en altérant ou en détruisant des preuves, notamment des photos, des bandes de télémétrie, des transmissions radio et télévisées et des échantillons de roche lunaire.

Il existe de nombreuses preuves tierces de l'existence des atterrissages, et des réfutations détaillées des allégations de canulars ont été faites. Depuis la fin des années 2000, des photos haute définition prises par le Lunar Reconnaissance Orbiter (LRO) des sites d'atterrissage d'Apollo ont capturé les étages de descente du module lunaire et les traces laissées par les astronautes. En 2012, des images ont été publiées montrant cinq des six drapeaux américains des missions Apollo érigés sur la Lune encore debout. L'exception est le drapeau d'Apollo 11, qui repose sur la surface lunaire depuis qu'il a été soufflé par le système de propulsion du module lunaire d'ascension.

Les théories de la conspiration ont soutenu l'intérêt du public pendant plus de 40 ans. Des sondages d'opinion réalisés en divers endroits ont montré qu'entre 6 et 20 % des Américains, 25 % des Britanniques et 28 % des Russes interrogés croient que les atterrissages en équipage ont été truqués. Même en 2001, le documentaire de la chaîne de télévision Fox *Conspiracy Theory : Did We Land on the Moon ?* affirmait que la NASA avait truqué le premier alunissage en 1969 pour gagner la course à l'espace.

Origines

We Never Went to the Moon (Nous ne sommes jamais allés sur la Lune) est un ouvrage précoce et influent sur le sujet de la conspiration de l'alunissage : *America's Thirty Billion Dollar Swindle*, a été publié à compte d'auteur en 1976 par Bill Kaysing, un ancien officier de la marine américaine titulaire d'une licence en anglais. Bien qu'il n'ait aucune connaissance des fusées ou de la rédaction technique, Kaysing a été engagé en 1956 comme rédacteur technique principal par Rocketdyne, la société qui a construit les moteurs F-1 utilisés sur la fusée Saturn V. Il a été à la tête de l'unité des publications techniques au Propulsion Field Laboratory de la société jusqu'en 1963. Les nombreuses allégations contenues dans le livre de Kaysing ont effectivement lancé le débat sur la falsification des alunissages. Le livre affirme que les chances de réussite d'un alunissage avec équipage ont été évaluées à 0,0017 % et que, malgré la surveillance étroite de l'URSS, il aurait été plus facile pour la NASA de truquer les alunissages que d'y aller réellement.

En 1980, la Flat Earth Society a accusé la NASA d'avoir truqué les atterrissages, arguant qu'ils avaient été mis en scène par Hollywood avec le parrainage de Walt Disney, sur la base d'un scénario d'Arthur C. Clarke et sous la direction de Stanley Kubrick. La folkloriste Linda Dégh suggère que le film *Capricorn One* (1978) du scénariste et réalisateur Peter Hyams, qui montre un voyage vers Mars dans un vaisseau spatial identique à celui d'Apollo, pourrait avoir donné un coup de pouce à la popularité de la théorie du canular dans la période qui a suivi la guerre du Viêt Nam. Dégh voit un parallèle avec d'autres attitudes durant l'ère post-Watergate, lorsque le public américain était enclin à se méfier des comptes officiels. Dégh écrit : "Les médias de masse catapultent ces demi-vérités dans une sorte de zone crépusculaire où les gens peuvent faire passer leurs suppositions pour des vérités. Les médias de masse ont un impact terrible sur les personnes qui manquent de repères." Dans *A Man on the Moon*, publié pour la première fois en 1994, Andrew Chaikin mentionne qu'au moment de la mission Apollo 8 sur l'orbite lunaire en décembre 1968, des idées de conspiration similaires étaient déjà en circulation.

Motifs invoqués par les États-Unis et la NASA

Ceux qui pensent que les alunissages ont été truqués avancent plusieurs théories sur les motivations de la NASA et du gouvernement américain. Les trois principales théories sont les suivantes.

La course à l'espace

La motivation des États-Unis à engager l'Union soviétique dans une course à l'espace peut être attribuée à la guerre froide qui sévissait alors. L'atterrissage sur la Lune était considéré comme un accomplissement national et technologique qui susciterait l'enthousiasme du monde entier. Mais aller sur la Lune serait risqué et coûteux, comme l'illustre la célèbre déclaration du président John F. Kennedy, dans un discours prononcé en 1962, selon laquelle les États-Unis ont choisi d'y aller *parce que c'*était difficile.

Le démystificateur de la théorie des canulars Phil Plait affirme dans son livre *Bad Astronomy,* publié en 2002, que les Soviétiques - avec leur propre programme lunaire concurrent, un vaste réseau de renseignements et une formidable communauté scientifique capable d'analyser les données de la NASA - auraient "crié à l'injustice" si les États-Unis avaient tenté de simuler un alunissage, d'autant que leur propre programme avait échoué. Prouver un canular aurait été une énorme victoire de propagande pour les Soviétiques. Au lieu de cela, loin de qualifier les alunissages de canulars, la troisième édition (1970-1979) de la Grande Encyclopédie soviétique (qui a été traduite en anglais entre 1974 et 1983 par Macmillan Publishers, et qui a ensuite été mise en ligne par TheFreeDictionary.com) contenait de nombreux articles relatant les alunissages comme des faits réels, comme cet article sur Neil Armstrong. En effet, leur article sur l'exploration spatiale décrit l'atterrissage d'Apollo 11 comme "le troisième événement historique" de l'ère spatiale, après le lancement du Spoutnik en 1957 et le vol de Youri Gagarine en 1961.

Le conspirationniste Bart Sibrel a répondu en affirmant à tort que "les Soviétiques n'avaient pas la capacité de suivre les vaisseaux de l'espace lointain avant la fin de 1972, date à laquelle les trois dernières missions Apollo ont été brusquement annulées".

En fait, les Soviétiques envoyaient des vaisseaux spatiaux sans équipage sur la Lune depuis 1959, et "en 1962, des installations de poursuite dans l'espace lointain ont été introduites à IP-15 à Ussuriisk et à IP-16 à Evpatoria (péninsule de Crimée), tandis que des stations de communication Saturn ont été ajoutées à IP-3, 4 et 14", cette dernière ayant une portée de 100 millions de km (62 millions de mi). L'Union soviétique a suivi les missions Apollo au sein du Corps des transmissions spatiales, qui était "entièrement équipé du dernier matériel de collecte de renseignements et de surveillance". Vasily Mishin, dans une interview pour l'article "The Moon Programme That Faltered", décrit comment le programme lunaire soviétique a diminué après les atterrissages d'Apollo.

De même, les annulations d'Apollo n'avaient rien de "brutal", puisqu'elles ont été faites pour des raisons de réduction des coûts. Elles ont été annoncées en janvier et septembre 1970, soit deux années complètes avant la "fin 1972" invoquée par Sibrel.

Financement et prestige de la NASA

Les théoriciens de la conspiration affirment que la NASA a truqué les alunissages pour éviter l'humiliation et s'assurer de continuer à recevoir des fonds. La NASA a réuni "environ 30 milliards de dollars" pour aller sur la Lune, et Kaysing affirme dans son livre que cette somme aurait pu être utilisée pour "payer" de nombreuses personnes. Étant donné que la plupart des conspirationnistes pensent qu'il était impossible d'envoyer des hommes sur la Lune à l'époque, ils affirment que les alunissages devaient être truqués pour atteindre l'objectif fixé par Kennedy en 1961, à savoir "avant la fin de cette décennie, faire atterrir un homme sur la Lune et le ramener sain et sauf sur Terre." En fait, la NASA a rendu compte au Congrès américain, en 1973, du coût d'Apollo, qui s'élevait à 25,4 milliards de dollars.

Mary Bennett et David Percy ont affirmé dans leur livre *Dark Moon : Apollo and the Whistle-Blowers*, que, compte tenu de tous les dangers connus et inconnus, la NASA ne prendrait pas le risque de diffuser un astronaute malade ou mourant en direct à la télévision. Le contre-argument généralement avancé est que la NASA *a effectivement* subi une grande humiliation publique et une opposition politique potentielle au programme en perdant un équipage entier dans l'incendie d'Apollo 1 au cours d'un essai au sol, ce qui a conduit son équipe de direction à être interrogée par les commissions de surveillance spatiale du Sénat et de la Chambre des représentants. En fait, aucune vidéo n'a été diffusée pendant l'atterrissage ou le décollage en raison de limitations technologiques.

La guerre du Vietnam

L'American Patriot Friends Network a affirmé en 2009 que les atterrissages ont permis au gouvernement américain de détourner l'attention du public de l'impopulaire guerre du Vietnam, et que les atterrissages en équipage ont donc soudainement pris fin à peu près au moment où les États-Unis ont mis fin à leur engagement dans cette guerre. En fait, la fin des atterrissages n'a pas été "soudaine" (voir **La course à l'espace** ci-dessus). La guerre était l'un des nombreux postes budgétaires fédéraux avec lesquels la NASA devait rivaliser ; le budget de la NASA a atteint son maximum en 1966 et a chuté de 42 % en 1972. C'est la raison pour laquelle les derniers vols ont été supprimés, ainsi que les projets de programmes ultérieurs encore plus ambitieux, tels qu'une station spatiale permanente et un vol avec équipage vers Mars.

Allégations de canulars et réfutations

De nombreuses théories de conspiration ont été avancées, affirmant soit que les alunissages n'ont pas eu lieu et que les employés de la NASA ont menti, soit que les alunissages ont bien eu lieu mais pas de la manière dont ils ont été racontés. Les conspirationnistes se sont concentrés sur les lacunes ou les incohérences perçues dans le dossier historique des missions. L'idée principale est que l'ensemble du programme d'atterrissage en équipage était un canular du début à la fin. Certains prétendent que la technologie nécessaire pour envoyer des hommes sur la Lune faisait défaut ou que les ceintures de radiation de Van Allen, les éruptions solaires, le vent solaire, les éjections de masse coronale et les rayons cosmiques rendaient un tel voyage impossible.

Vince Calder et Andrew Johnson, scientifiques de l'Argonne National Laboratory, ont apporté des réponses détaillées aux affirmations des conspirationnistes sur le site Web du laboratoire. Ils montrent que la description de l'alunissage par la NASA est fondamentalement exacte, compte tenu d'erreurs courantes telles que des photos mal étiquetées et des souvenirs personnels imparfaits. La démarche scientifique permet de rejeter toute hypothèse qui est contredite par les faits observables. L'hypothèse du "véritable alunissage" est une histoire unique puisqu'elle provient d'une source unique, mais l'hypothèse du canular n'est pas univoque car les récits de canulars varient selon les conspirationnistes.

Nombre de conspirateurs impliqués

Selon James Longuski, les théories de la conspiration sont impossibles en raison de leur taille et de leur complexité. La conspiration devrait impliquer plus de 400 000 personnes qui ont travaillé sur le projet Apollo pendant près de dix ans, les 12 hommes qui ont marché sur la Lune, les 6 autres qui ont volé avec eux en tant que pilotes du module de commande, et 6 autres astronautes qui ont été en orbite autour de la Lune. Des centaines de milliers de personnes - astronautes, scientifiques, ingénieurs, techniciens et ouvriers qualifiés - auraient dû garder le secret. Longuski affirme qu'il aurait été beaucoup plus facile de se poser réellement sur la Lune que de générer une conspiration aussi énorme pour simuler les atterrissages. À ce jour, aucun membre du gouvernement des États-Unis ou de la NASA lié au programme Apollo n'a déclaré que les alunissages étaient des canulars. Penn Jillette en a fait état dans l'épisode "Conspiracy Theories" de son émission télévisée *Penn & Teller : Bullshit !* en 2005. Compte tenu du nombre de personnes impliquées et du scandale du Watergate, Penn Jillette a fait remarquer que *quelqu'un aurait* déjà démasqué le canular.

Sibrel réfute cette affirmation en affirmant que la NASA avait compartimenté tous les travaux du programme Apollo. Cela n'aurait permis qu'à un petit nombre de personnes de connaître la vérité sur la simulation des alunissages.

Curiosités photographiques et cinématographiques

Les conspirationnistes de l'alunissage se concentrent fortement sur les photos de la NASA. Ils soulignent les bizarreries des photos et des films pris sur la Lune. Les experts en photographie (y compris ceux qui n'ont aucun lien avec la NASA) ont répondu que ces bizarreries sont conformes à ce que l'on peut attendre d'un véritable alunissage, et non à des images retouchées ou prises en studio. Les principaux arguments et contre-arguments sont énumérés ci-dessous.

1. Sur certaines photos, le réticule semble être derrière les objets. Les appareils étaient équipés d'une plaque Réseau (une plaque de verre transparent sur laquelle était gravé un réticule), de sorte qu'il était impossible qu'un objet photographié apparaisse "devant" la grille. Les conspirationnistes se servent souvent de cette preuve pour suggérer que des objets ont été "collés" sur les photographies et ont donc masqué le réticule.

> * *Cet effet n'apparaît que sur les photos copiées et numérisées, et non sur les originaux. Il est dû à une surexposition : les zones blanches brillantes de l'émulsion "débordent" sur le fin réticule noir. Le réticule n'a qu'une épaisseur de 0,004 pouce (0,1 mm) et il suffirait que l'émulsion déborde de moitié pour qu'il soit complètement obscurci. En outre, il existe de nombreuses photos où le centre du réticule est "délavé", mais le reste est intact. Sur certaines photos du drapeau américain, des parties d'un réticule apparaissent sur les bandes rouges, mais des parties du même réticule sont délavées ou invisibles sur les bandes blanches. Il n'y aurait eu aucune raison de "coller" des bandes blanches sur le drapeau.*

2. Le réticule est parfois tourné ou placé au mauvais endroit.

- *Cela résulte du fait que les photos populaires sont recadrées et/ou tournées pour des raisons esthétiques.*

3. La qualité des photographies est invraisemblablement élevée.

- *Il existe de nombreuses photos de mauvaise qualité prises par les astronautes d'Apollo. La NASA a choisi de ne publier que les meilleurs exemples.*

- *Les astronautes d'Apollo ont utilisé des appareils photo Hasselblad 500 EL à haute résolution avec des optiques Carl Zeiss et un chargeur de film moyen format 70 mm.*

4. Il n'y a pas d'étoiles sur les photos ; les astronautes d'Apollo 11 ont également déclaré lors des conférences de presse qui ont suivi la mission qu'ils ne se souvenaient pas d'avoir vu des étoiles pendant les activités extravéhiculaires (EVA). Les conspirationnistes affirment que la NASA a choisi de ne pas mettre d'étoiles sur les photos car les astronomes auraient pu les utiliser pour déterminer si les photos avaient été prises depuis la Terre ou la Lune, en les identifiant et en comparant leur position céleste et leur parallaxe à ce qui serait attendu pour l'un ou l'autre des sites d'observation.

- *Les astronautes parlaient d'observations d'étoiles à l'œil nu pendant la journée lunaire. Ils observaient régulièrement les étoiles à travers les optiques de navigation du vaisseau spatial lors de l'alignement de leurs plates-formes de référence inertielle, les PGNCS Apollo.*

- *On voit rarement des étoiles sur les photos de la navette spatiale, de Mir, d'observation de la Terre, ou même sur les photos prises lors d'événements sportifs qui se déroulent la nuit. La lumière du Soleil dans l'espace extra-atmosphérique, dans le système Terre-Lune, est au moins aussi intense que la lumière du soleil qui atteint la surface de la Terre par une journée claire à midi, de sorte que les appareils photo utilisés pour photographier des sujets éclairés par la lumière du soleil sont réglés pour une exposition à la lumière du jour. La faible lumière des étoiles ne fournit tout simplement pas une exposition suffisante pour enregistrer des images visibles. Tous les atterrissages en équipage ont eu lieu pendant la journée lunaire. Ainsi, les étoiles étaient éclipsées par le soleil et par la lumière réfléchie par la surface de la Lune. Les yeux des astronautes étaient adaptés au paysage ensoleillé qui les entourait, de sorte qu'ils ne pouvaient pas voir les étoiles relativement faibles. Les astronautes ne pouvaient voir les étoiles à l'œil nu que lorsqu'elles étaient dans l'ombre de la Lune.*

- *Les paramètres de l'appareil photo peuvent faire passer un arrière-plan bien éclairé au noir lorsque l'objet au premier plan est très lumineux, ce qui oblige l'appareil à augmenter la vitesse d'obturation pour que la lumière du premier plan n'altère pas l'image. Vous trouverez une démonstration de cet effet ici. L'effet est similaire au fait de ne pas pouvoir voir les étoiles depuis un parking très éclairé la nuit - les étoiles ne deviennent visibles que lorsque les lumières sont éteintes.*

- *Une caméra spéciale dans l'ultraviolet lointain, la caméra/spectrographe dans l'ultraviolet lointain, a été amenée sur la surface lunaire à bord d'Apollo 16 et a fonctionné dans l'ombre du module lunaire Apollo (LM). Elle a pris des photos de la Terre et de nombreuses étoiles, dont certaines sont faibles en lumière visible mais brillantes dans l'ultraviolet. Ces observations ont ensuite été comparées à celles prises par des télescopes ultraviolets en orbite. En outre, les positions de ces étoiles par rapport à la Terre sont correctes pour l'époque et l'emplacement des photos d'Apollo 16.*

- *Des photos de la couronne solaire comprenant la planète Mercure et quelques étoiles de fond ont été prises depuis l'orbite lunaire par Al Worden, pilote du module de commande d'Apollo 15.*

- *Des photos de la planète Vénus (qui est beaucoup plus lumineuse que toutes les étoiles) ont été prises depuis la surface de la Lune par l'astronaute Alan Shepard lors de la mission Apollo 14.*

5. L'angle et la couleur des ombres sont incohérents. Cela suggère que des lumières artificielles ont été utilisées.

- *Les ombres sur la Lune sont compliquées par la lumière réfléchie, le sol irrégulier, la distorsion de l'objectif grand angle et la poussière lunaire. Il existe plusieurs sources de lumière : le Soleil, la lumière solaire réfléchie par la Terre, la lumière solaire réfléchie par la surface de la Lune et la lumière solaire réfléchie par les astronautes et le module lunaire. La lumière de ces sources est diffusée par la poussière lunaire dans de nombreuses directions, y compris dans les ombres. Les ombres qui tombent dans les cratères et les collines peuvent apparaître plus longues, plus courtes et déformées. En outre, les ombres présentent les propriétés de la perspective du point de fuite, ce qui les amène à converger vers un point à l'horizon.*

- *Cette théorie a été démentie dans l'épisode de* MythBusters *"NASA Moon Landing".*

6. Il y a des fonds identiques sur des photos qui, d'après leurs légendes, ont été prises à des kilomètres de distance. Cela suggère qu'un fond peint a été utilisé.

- *Les arrière-plans n'étaient pas identiques, mais simplement similaires. Ce qui apparaît comme des collines proches sur certaines photos sont en fait des montagnes situées à plusieurs kilomètres. Sur Terre, les objets les plus éloignés apparaissent plus faibles et moins détaillés. Sur la Lune, il n'y a pas d'atmosphère ou de brume pour masquer les objets lointains, qui apparaissent donc plus clairs et plus proches. En outre, il y a très peu d'objets (comme les arbres) pour aider à juger de la distance. Un tel cas est démystifié dans "Who Mourns For Apollo ?" de Mike Bara.*

7. Le nombre de photos prises est invraisemblablement élevé. Jusqu'à une photo toutes les 50 secondes.

- *Un équipement simplifié avec des réglages fixes permettait de prendre deux photos par seconde. Nombre d'entre elles ont été prises immédiatement les unes après les autres sous forme de paires stéréo ou de séquences panoramiques. Le calcul (une par 50 secondes) est basé sur un astronaute seul à la surface, et ne tient pas compte du fait que deux astronautes se partagent la charge de travail et prennent simultanément des photos lors d'une activité extra-véhiculaire (EVA).*

8. Les photos contiennent des artefacts comme les deux "C" apparemment identiques sur un rocher et sur le sol. Ils peuvent être étiquetés comme des accessoires de studio.

- *Les objets en forme de "C" sont très probablement des imperfections d'impression et n'apparaissent pas sur le film original de l'appareil photo. Il a été suggéré que le "C" est un cheveu enroulé.*

9. Une habitante de Perth, en Australie occidentale, une femme nommée Una Ronald (un pseudonyme créé par les auteurs de la source), a déclaré avoir vu pendant deux ou trois secondes une bouteille de Coca-Cola rouler sur le quadrant inférieur droit de son écran de télévision qui diffusait en direct l'EVA d'Apollo 11. Elle a également déclaré que plusieurs lettres ont été publiées dans *The West Australian au* sujet de l'incident de la bouteille de Coca-Cola dans les dix jours suivant l'alunissage.

- *Aucun rapport de journal ou enregistrement de ce type n'a été trouvé. Les affirmations de Ronald n'ont été relayées que par une seule source. Il y a également des failles dans l'histoire, par exemple, la déclaration selon laquelle elle a dû veiller tard pour regarder l'alunissage en direct est facilement réfutée par de nombreux témoins en Australie qui ont regardé l'alunissage en pleine journée.*

10. Le livre *Moon Shot de* 1994 contient une photo composite manifestement fausse d'Alan Shepard frappant une balle de golf sur la Lune avec un autre astronaute.

- *Elle a été utilisée à la place des seules images réelles existantes, provenant de l'écran de télévision, que les éditeurs jugeaient apparemment trop granuleuses pour leur livre. Les éditeurs du livre ne travaillaient pas pour la NASA, bien que les auteurs soient des astronautes retraités de la NASA.*

11. Il semble y avoir des "points chauds" sur certaines photos qui donnent l'impression qu'un grand projecteur a été utilisé à la place du Soleil.

- *Les puits à la surface de la Lune concentrent et reflètent la lumière comme les minuscules sphères de verre utilisées pour le revêtement des panneaux de signalisation ou les gouttes de rosée sur l'herbe mouillée. Cela crée une lueur autour de l'ombre du photographe lorsqu'elle apparaît sur une photographie (voir Heiligenschein).*

- *Si l'astronaute se tient en plein soleil alors qu'il photographie à l'ombre, la lumière réfléchie par sa combinaison spatiale blanche produit un effet similaire à celui d'un projecteur.*

- *Certaines photos d'Apollo largement publiées étaient des copies à fort contraste. Les scans des transparents originaux sont généralement beaucoup plus uniformément éclairés. Un exemple est montré ci-dessous :*

12. Qui a filmé Neil Armstrong en train de marcher sur la Lune ?

- *Les caméras du module lunaire l'ont fait. La caméra TV d'Apollo montée dans le Modularized Equipment Stowage Assembly (MESA) du module lunaire Apollo offrait une vue de l'extérieur. Alors qu'il se trouvait encore sur les marches de l'échelle du module, Armstrong a déployé le MESA depuis le côté du module lunaire, déballant, entre autres, la caméra de télévision. La caméra de télévision a ensuite été mise sous tension et un signal a été transmis à la Terre. Ainsi, plus de 600 millions de personnes sur Terre ont pu regarder les images en direct avec un très léger décalage. Une technologie similaire a également été utilisée lors des missions Apollo suivantes. La mission a également été filmée à partir d'une caméra automatique 16 mm montée dans une fenêtre du module lunaire.*

Environnement

1. Les astronautes n'auraient pas pu survivre au voyage en raison de l'exposition aux radiations de la ceinture de radiation de Van Allen et aux radiations ambiantes galactiques (voir empoisonnement par radiation et menace sanitaire des rayons cosmiques). Certains conspirationnistes ont suggéré que Starfish Prime (un essai nucléaire à

haute altitude réalisé en 1962) a formé une autre couche intense sur la ceinture de Van Allen.

- *Il existe deux ceintures principales de Van Allen - la ceinture intérieure et la ceinture extérieure - et une troisième ceinture transitoire. La ceinture intérieure est la plus dangereuse et contient des protons énergétiques. La ceinture extérieure contient des électrons de faible énergie moins dangereux (particules bêta). Le vaisseau spatial Apollo a traversé la ceinture interne en quelques minutes et la ceinture externe en environ 1+1/2 heures. Les astronautes étaient protégés des rayonnements ionisants par les coques en aluminium des vaisseaux spatiaux. De plus, la trajectoire de transfert orbital de la Terre vers la Lune à travers les ceintures a été choisie pour réduire l'exposition aux rayonnements. Même James Van Allen, le découvreur de la ceinture de Van Allen, a réfuté les affirmations selon lesquelles les niveaux de rayonnement étaient trop dangereux pour les missions Apollo. Phil Plait a cité une dose moyenne inférieure à 1 rem (10 mSv), ce qui équivaut à la radiation ambiante reçue en vivant au niveau de la mer pendant trois ans. Le rayonnement total reçu au cours du voyage était à peu près le même que celui autorisé pour les travailleurs dans le domaine de l'énergie nucléaire pendant un an et pas beaucoup plus que celui reçu par les astronautes de la navette spatiale.*

2. La pellicule des appareils photo aurait été embuée par ce rayonnement.

- *Le film était conservé dans des conteneurs métalliques qui empêchaient les radiations d'embuer l'émulsion du film. De plus, les films transportés par les sondes lunaires sans équipage, comme le Lunar Orbiter et Luna 3 (qui utilisaient des procédés de développement de films embarqués), n'étaient pas embués.*

3. La surface de la Lune pendant la journée est si chaude que la pellicule de l'appareil photo aurait fondu.

- *Il n'y a pas d'atmosphère pour lier efficacement la chaleur de la surface lunaire aux dispositifs (tels que les caméras) qui ne sont pas en contact direct avec elle. Dans le vide, il ne reste que le rayonnement comme mécanisme de transfert de chaleur. La physique du transfert de chaleur par rayonnement est parfaitement comprise, et l'utilisation appropriée de revêtements et de peintures optiques passifs a suffi à contrôler la température du film dans les caméras ; les températures des modules lunaires ont été contrôlées par des revêtements similaires qui leur ont donné une couleur dorée. De plus, bien que la surface de la Lune devienne très chaude à midi lunaire, chaque atterrissage d'Apollo a été effectué peu après le lever du soleil lunaire sur le site d'atterrissage ; le jour lunaire dure environ 29+1/2 jours terrestres, ce qui signifie qu'un jour lunaire (de l'aube au crépuscule) dure presque quinze jours terrestres. Pendant les séjours plus longs, les astronautes ont effectivement remarqué une augmentation des charges de refroidissement sur leurs combinaisons spatiales, car la température du soleil et de la surface continuait à augmenter, mais cet effet a été facilement contré par les systèmes de refroidissement passifs et actifs. Le film n'était pas exposé à la lumière directe du soleil, il n'a donc pas été surchauffé.*

4. L'équipage d'Apollo 16 n'aurait pas pu survivre à une grosse éruption solaire qui se serait déclenchée alors qu'il était en route pour la Lune.

- *Aucune grande éruption solaire ne s'est produite pendant le vol d'Apollo 16. De grandes éruptions solaires ont eu lieu en août 1972, après le retour d'Apollo 16 sur Terre et avant le vol d'Apollo 17.*

5. Le drapeau placé à la surface par les astronautes flottait malgré l'absence de vent sur la Lune. Cela suggère qu'il a été filmé sur Terre et qu'une brise a fait flotter le drapeau. Selon M. Sibrel, ce phénomène pourrait avoir été causé par les ventilateurs intérieurs utilisés pour refroidir les astronautes, car les systèmes de refroidissement de leurs combinaisons spatiales auraient été trop lourds sur Terre.

- *Le drapeau était fixé à une tige en forme de Γ (voir l'assemblage du drapeau lunaire) afin qu'il ne pende pas. Le drapeau ne semblait flotter que lorsque les astronautes le mettaient en position. En l'absence de résistance à l'air, ces mouvements faisaient osciller le coin libre du drapeau comme un pendule pendant un certain temps. Le drapeau était ondulé parce qu'il avait été plié pendant son stockage - les ondulations pouvaient être confondues avec un mouvement sur une photo fixe. Les vidéos montrent que lorsque les astronautes lâchent le mât du drapeau, celui-ci vibre brièvement mais reste ensuite immobile.*

- Cette théorie a été démentie dans l'épisode de *MythBusters* "NASA Moon Landing".

6. Les empreintes dans la poussière de lune sont étonnamment bien conservées, malgré l'absence d'humidité.

- *La poussière de lune n'a pas été altérée comme le sable terrestre et présente des arêtes vives. Cela permet aux particules de poussière de se coller les unes aux autres et de conserver leur forme dans le vide. Les astronautes l'ont comparée à du "talc ou du sable humide".*

- Cette théorie a été démentie dans l'épisode de *MythBusters* "NASA Moon Landing".

7. Les prétendus alunissages ont été réalisés à l'aide d'une scène sonore ou ont été filmés à l'extérieur, dans un désert éloigné, les astronautes utilisant des harnais ou des ralentis pour faire croire qu'ils étaient sur la Lune.

- *Bien que la mini-série de HBO "From the Earth to the Moon" et une scène du film "Apollo 13" aient utilisé la configuration de la scène sonore et du harnais, ces films montrent clairement que lorsque la poussière s'élève, elle ne se dépose pas rapidement ; certaines poussières forment brièvement des nuages. Dans les séquences filmées des missions Apollo, la poussière soulevée par les bottes des astronautes et les roues des Lunar Roving Vehicles s'élevait assez haut en raison de la gravité lunaire plus faible, et se déposait rapidement sur le sol en un arc parabolique ininterrompu puisqu'il n'y avait pas d'air pour suspendre la poussière. Même s'il y avait eu un plateau de tournage pour les faux alunissages, où l'air aurait été pompé, la poussière n'aurait pas atteint la hauteur et la trajectoire des images du film Apollo, en raison de la gravité terrestre supérieure.*

- *Pendant la mission Apollo 15, David Scott a fait une expérience en laissant tomber un marteau et une plume de faucon en même temps. Les deux sont tombés à la même vitesse et ont touché le sol en même temps. Cela a prouvé qu'il était dans le vide.*

- *Si les atterrissages ont été filmés à l'extérieur dans un désert, des vagues de chaleur seraient présentes à la surface dans les vidéos de la mission, mais aucune vague de chaleur de ce type n'existe dans les séquences. Si les atterrissages avaient été filmés dans un décor sonore, plusieurs anomalies se produiraient, notamment l'absence de parallaxe et l'augmentation ou la diminution de la taille de l'arrière-plan si la caméra bougeait (des séquences ont été filmées alors que le rover était en mouvement, mais il n'y a aucune preuve de changement de la taille de l'arrière-plan).*

- Cette théorie a été démentie dans l'épisode de *MythBusters* "NASA Moon Landing".

Problèmes mécaniques

1. Les modules lunaires n'ont laissé aucun cratère d'explosion ni aucun signe de dispersion de poussière.

- *Aucun cratère n'est à prévoir. Le système de propulsion de descente, d'une poussée de 4 500 kg (10 000 lb), a été réduit au maximum pendant l'atterrissage final. Le module lunaire ne décélérant plus rapidement, le moteur de descente n'avait plus qu'à supporter le poids de l'atterrisseur, qui était réduit par la gravité de la Lune et par le quasi épuisement des ergols de descente. À l'atterrissage, la poussée du moteur divisée par la surface de sortie de la tuyère n'est que d'environ 10 kPa (1,5 psi).*

Au-delà de la tuyère du moteur, le panache s'étend, et la pression chute très rapidement. Les gaz d'échappement des fusées se dilatent beaucoup plus rapidement après avoir quitté la tuyère du moteur dans le vide que dans une atmosphère. L'effet d'une atmosphère sur les panaches des fusées est facilement observable lors des lancements depuis la Terre ; à mesure que la fusée s'élève dans l'atmosphère qui se raréfie, les panaches d'échappement s'élargissent de manière très visible. Pour atténuer ce phénomène, les moteurs de fusée conçus pour le vide ont des cloches plus longues que ceux conçus pour être utilisés sur Terre, mais ils ne peuvent toujours pas empêcher cette propagation. Les gaz d'échappement de l'atterrisseur se sont donc rapidement étendus bien au-delà du site d'atterrissage. Les moteurs de descente ont dispersé une grande quantité de poussière de surface très fine, comme on peut le voir sur les films 16 mm de chaque atterrissage, et de nombreux commandants de mission ont parlé de son effet sur la visibilité. Les atterrisseurs se déplaçaient généralement à l'horizontale et à la verticale, et les photos montrent l'érosion de la surface le long de la trajectoire de descente finale. Enfin, le régolithe lunaire est très compact sous sa couche de poussière superficielle, ce qui rend impossible la formation d'un "cratère" par le moteur de descente. Un cratère d'explosion a été mesuré sous l'atterrisseur d'Apollo 11 en utilisant les longueurs d'ombre de la cloche du moteur de descente et les estimations de la quantité de compression du train d'atterrissage et de la profondeur à laquelle les patins de l'atterrisseur avaient été enfoncés dans la surface lunaire.

2. Le deuxième étage de la fusée de lancement ou l'étage d'ascension du module lunaire ou les deux n'ont pas produit de flamme visible.

- *Les modules lunaires utilisaient des propergols Aerozine 50 (combustible) et tétroxyde de diazote (oxydant), choisis pour leur simplicité et leur fiabilité ; ils s'enflamment de manière hypergolique - au contact - sans nécessiter d'étincelle. Ces propergols produisent un échappement presque transparent. Le même combustible a été utilisé par le noyau de la fusée américaine Titan II. La transparence de leurs panaches est visible sur de nombreuses photos de lancement. Les panaches des moteurs-fusées tirés dans le vide s'étalent très rapidement à la sortie de la tuyère du moteur (voir ci-dessus), ce qui réduit encore leur visibilité. Enfin, les moteurs-fusées fonctionnent souvent "riches" pour ralentir la corrosion interne. Sur Terre, l'excès de carburant brûle au contact de l'oxygène atmosphérique, ce qui renforce la flamme visible. Cela ne peut se produire dans le vide.*

4. Les unités de climatisation qui faisaient partie des combinaisons spatiales des astronautes n'auraient pas pu fonctionner dans un environnement sans atmosphère.

- *Les unités de refroidissement <u>ne pouvaient</u> fonctionner <u>que</u> dans le vide. L'eau d'un réservoir situé dans le sac à dos s'écoulait à travers les minuscules pores d'une plaque métallique de sublimation où elle se vaporisait rapidement dans l'espace. La perte de la chaleur de vaporisation a gelé l'eau restante, formant une couche de glace sur l'extérieur de la plaque qui s'est également sublimée dans l'espace (se transformant directement de solide en gaz). Une boucle d'eau séparée circulait dans le LCG (Liquid Cooling Garment) porté par l'astronaute, transportant sa chaleur métabolique résiduelle à travers la plaque de sublimation où elle était refroidie et renvoyée dans le LCG. Cinq virgule quatre kg (12 lb) d'eau d'alimentation donnaient environ huit heures de refroidissement ; en raison de son volume, c'était souvent le consommable limitant la durée d'une EVA.*

Transmissions

1. Il aurait dû y avoir un retard de plus de deux secondes dans les communications entre la Terre et la Lune, à une distance de 400 000 km (250 000 miles).

- *Le temps de parcours aller-retour de la lumière de plus de deux secondes est apparent dans tous les enregistrements en temps réel de l'audio lunaire, mais cela n'apparaît pas toujours comme prévu. Il se peut également que dans certains films documentaires, le retard ait été supprimé. Les raisons de ce montage peuvent être des contraintes de temps ou un souci de clarté.*

2. Les retards typiques dans la communication étaient d'environ 0,5 seconde.

- *Les affirmations selon lesquelles les délais n'étaient que d'une demi-seconde sont fausses, comme le montre l'examen des enregistrements originaux. De plus, il ne devrait pas y avoir de délai constant entre chaque réponse, car la conversation est enregistrée à une extrémité - le contrôle de mission. Les réponses du centre de contrôle de la mission pourraient être entendues sans aucun retard, car l'enregistrement est effectué au moment où Houston reçoit la transmission depuis la Lune.*

3. Pendant des semaines, l'observatoire de Parkes, en Australie, a été présenté au monde comme le site qui relaierait les communications de la première sortie sur la Lune. Cependant, cinq heures avant la transmission, on leur a demandé de se retirer.

- *Le calendrier de la première marche sur la Lune a été modifié après l'atterrissage. En fait, les retards dans le démarrage de la marche sur la lune ont fait que Parkes a couvert la quasi-totalité de la marche sur la lune d'Apollo 11.*

4. Parkes était censé disposer du flux vidéo le plus clair en provenance de la Lune, mais les médias australiens et toutes les autres sources connues ont diffusé un flux en direct des États-Unis.

- *Bien que cela ait été le plan initial et, selon certaines sources, la politique officielle, l'Australian Broadcasting Commission (ABC) a pris la transmission directement des radiotélescopes de Parkes et Honeysuckle Creek. Ces images ont été converties en télévision NTSC à Paddington, à Sydney. Cela signifie que les téléspectateurs australiens ont vu le moonwalk plusieurs secondes avant le reste du monde. Voir également l'article de John Sarkissian, radioastronome de Parkes, intitulé "On Eagle's Wings : The Parkes Observatory's Support of the Apollo 11 Mission" Les événements entourant le rôle de l'observatoire de Parkes dans la retransmission télévisée en direct du moonwalk ont été dépeints dans une comédie cinématographique australienne légèrement romancée, "The Dish" (2000).*

5. Un meilleur signal aurait été reçu à l'observatoire de Parkes lorsque la Lune se trouvait sur la face opposée de la planète.

- *Cette affirmation n'est pas étayée par les preuves détaillées et les journaux de bord des missions.*

Données manquantes

Les plans et les dessins de conception et de développement des machines concernées sont manquants. Les bandes de données d'Apollo 11 contenant la télémétrie et la vidéo de haute qualité (avant la conversion du balayage de la télévision à balayage lent à la télévision standard) de la première marche sur la lune sont également manquantes.

Rubans adhésifs

David R. Williams (archiviste de la NASA au Goddard Space Flight Center) et Eugene F. Kranz, directeur du vol Apollo 11, ont tous deux reconnu que les bandes originales de haute qualité des données télémétriques d'Apollo 11 ont disparu. Les conspirationnistes y voient la preuve qu'elles n'ont jamais existé. Les bandes de données télémétriques d'Apollo 11 étaient différentes des bandes de données télémétriques des autres alunissages, car elles contenaient le signal de télévision brut. Pour des raisons techniques, l'atterrisseur d'Apollo 11 transportait une caméra de télévision à balayage lent (SSTV) (voir caméra de télévision d'Apollo). Pour diffuser les images à la télévision régulière, une conversion du balayage a dû être effectuée. Le radiotélescope de l'observatoire de Parkes, en Australie, a pu recevoir la télémétrie de la Lune au moment de la sortie sur la Lune d'Apollo 11. L'antenne de Parkes était plus grande que celle de la NASA en Australie, à la station de poursuite de Honeysuckle Creek, et recevait donc une meilleure image. Elle recevait également une meilleure image que l'antenne de la NASA au complexe de communications spatiales de Goldstone. Ce signal de télévision directe, ainsi que les données de télémétrie, ont été enregistrés sur une bande analogique de quatorze pistes d'un pouce à Parkes. La transmission SSTV originale était plus détaillée et contrastée que les images converties par balayage, et c'est cette bande originale qui manque. Une conversion grossière par balayage en temps réel du signal SSTV a été effectuée en Australie avant sa diffusion dans le monde entier. Cependant, des photos de l'image SSTV originale sont disponibles (voir photos). Une quinzaine de minutes de cette image ont été filmées par une caméra amateur 8 mm et sont également disponibles. Les missions Apollo ultérieures n'ont pas utilisé la SSTV. Selon M. Williams, il existe encore au moins une partie des bandes de télémétrie des expériences scientifiques ALSEP laissées sur la Lune (qui ont duré jusqu'en 1977). Des copies de ces bandes ont été trouvées.

D'autres recherchent les bandes de télémétrie manquantes pour des raisons différentes. Ces bandes contiennent le flux vidéo original et de la plus haute qualité de l'atterrissage d'Apollo 11. Certains anciens membres du personnel d'Apollo veulent retrouver ces bandes pour la postérité, tandis que les ingénieurs de la NASA qui envisagent de futures missions sur la Lune pensent que ces bandes pourraient être utiles pour leurs études de conception. Ils ont découvert que les bandes d'Apollo 11 avaient été envoyées pour être stockées aux Archives nationales des États-Unis en 1970, mais qu'en 1984, toutes les bandes d'Apollo 11 avaient été renvoyées au Goddard Space Flight Center à leur demande. On pense que les bandes ont été stockées plutôt que réutilisées. Goddard stockait 35 000 nouvelles bandes par an en 1967, avant même les alunissages.

En novembre 2006, COSMOS Online a signalé qu'une centaine de bandes de données enregistrées en Australie pendant la mission Apollo 11 avaient été retrouvées dans un petit laboratoire de sciences marines situé dans le bâtiment principal de physique de l'université de technologie Curtin à Perth, en Australie. L'une des anciennes bandes a été envoyée à la NASA pour analyse. Les images de la télévision à balayage lent ne figuraient pas sur la bande.

En juillet 2009, la NASA a indiqué qu'elle avait dû effacer les séquences lunaires originales d'Apollo 11 il y a des années afin de pouvoir réutiliser la bande. En décembre 2009, la NASA a publié un rapport final sur les bandes de télémétrie d'Apollo 11. L'ingénieur principal Dick Nafzger, qui était chargé des enregistrements télévisés en direct pendant les missions Apollo, a été chargé du projet de restauration. Après trois ans de recherche, la "conclusion inéluctable" était qu'environ 45 bandes (environ 15 bandes enregistrées à chacune des trois stations de poursuite) de vidéo d'Apollo 11 avaient été effacées et réutilisées, a déclaré Nafzger. À l'occasion du 40e anniversaire de l'atterrissage d'Apollo 11, Lowry Digital a été chargé de restaurer les images restantes. Le président de Lowry Digital, Mike Inchalik, a déclaré que "c'est de loin la vidéo de la plus mauvaise qualité" que la société ait traitée. M. Nafzger a félicité Lowry pour avoir redonné de la "netteté" à la vidéo d'Apollo, qui restera en noir et blanc et contiendra des améliorations numériques conservatrices. Le projet de restauration, d'un coût de 230 000 dollars, a pris des mois et n'incluait pas d'améliorations de la qualité du son. Certaines sélections de séquences restaurées en haute définition ont été mises à disposition sur le site Web de la NASA.

Blueprints

Grumman semble avoir détruit la plupart de ses documents LM, mais des copies des plans de la Saturn V existent sur microfilm.

Boeing a construit quatre Lunar Roving Vehicles (LRV) aptes à la mission. Trois d'entre eux ont été transportés sur la Lune lors des missions Apollo 15, 16 et 17, utilisés par les astronautes pour se déplacer une fois sur la Lune, et laissés sur place. Après l'annulation d'Apollo 18, l'autre LRV a été utilisé pour les pièces de rechange des missions Apollos 15 à 17. Le manuel d'utilisation de 221 pages du LRV contient quelques dessins détaillés, mais pas les plans.

La technologie de la NASA comparée à celle de l'URSS

Bart Sibrel cite le niveau relatif de la technologie spatiale des États-Unis et de l'URSS comme preuve que l'alunissage n'aurait pas pu avoir lieu. Pendant la majeure partie des premières étapes de la course à l'espace, l'URSS était en avance sur les États-Unis, mais en fin de compte, l'URSS n'a jamais été en mesure de faire voler un vaisseau spatial avec équipage vers la Lune, et encore moins d'en faire atterrir un sur la surface. D'aucuns soutiennent que, puisque l'URSS n'a pas été en mesure de le faire, les États-Unis n'auraient pas dû être en mesure de développer la technologie nécessaire à cette fin.

Par exemple, il affirme que, pendant le programme Apollo, l'URSS a eu cinq fois plus d'heures de vol en équipage dans l'espace que les États-Unis, et il note que l'URSS a été la première à franchir un grand nombre des premières étapes dans l'espace : le premier satellite artificiel en orbite (octobre 1957, Spoutnik 1) ; le premier être vivant en orbite (un chien nommé Laika, novembre 1957, Spoutnik 2) ; le premier homme dans l'espace et en orbite (Yuri Gagarin, avril 1961, Vostok 1) ; la première femme dans l'espace (Valentina Tereshkova, juin 1963, Vostok 6) ; et la première sortie dans l'espace (Alexei Leonov en mars 1965, Voskhod 2).

Cependant, la plupart des gains soviétiques énumérés ci-dessus ont été égalés par les États-Unis dans l'année qui a suivi, et parfois en quelques semaines. En 1965, les États-Unis ont commencé à réaliser de nombreuses premières (comme le premier rendez-vous spatial réussi), qui constituaient des étapes importantes pour une mission vers la Lune. Par ailleurs, la NASA et d'autres organismes affirment que les progrès réalisés par les Soviétiques ne sont pas aussi impressionnants qu'ils le paraissent, que certaines de ces premières ne sont que de simples cascades qui ne font pas avancer la technologie de manière significative, voire pas du tout, comme *par exemple* la première femme dans l'espace. En fait, au moment du lancement du premier vol Apollo en orbite terrestre avec équipage (Apollo 7), l'URSS n'avait effectué que neuf vols spatiaux (sept avec un cosmonaute, un avec deux, un avec trois), contre 16 pour les États-Unis. En termes d'heures de vol des vaisseaux spatiaux, l'URSS comptait 460 heures de vol, contre 1 024 heures pour les États-Unis. En termes de temps de vol des astronautes/cosmonautes, l'URSS avait 534 heures de vol en équipage, contre 1 992 heures pour les États-Unis. Au moment d'Apollo 11, les États-Unis avaient une avance bien plus importante que cela. (Voir Liste des vols spatiaux habités, 1961-1970, et se référer aux vols individuels pour la durée).

En outre, l'URSS n'a pas développé de fusée capable d'effectuer une mission lunaire avec équipage avant les années 1980 - sa fusée N1 a échoué lors de ses quatre tentatives de lancement entre 1969 et 1972. L'atterrisseur lunaire soviétique LK a été testé lors de vols en orbite terrestre basse sans équipage à trois reprises en 1970 et 1971.

Technologie utilisée par la NASA

À l'époque des alunissages, la technologie numérique sur Terre n'en était qu'à ses débuts. Les astronautes s'étaient appuyés sur des ordinateurs pour les aider dans leurs missions sur la Lune. L'ordinateur de guidage Apollo se trouvait sur le module lunaire et sur le module de commande et de service. À l'époque, de nombreux ordinateurs étaient très volumineux malgré des spécifications médiocres. Par exemple, en 1973, un an après le dernier alunissage, le Xerox Alto est sorti. Cet ordinateur avait 96 Ko de mémoire. En 2019, la plupart des ordinateurs personnels utilisent 50 000 à 100 000 fois cette quantité de mémoire vive. Les théoriciens de la conspiration affirment que les ordinateurs de l'époque des alunissages n'étaient pas assez avancés pour permettre à des hommes de voyager dans l'espace jusqu'à la Lune et d'en revenir ; ils affirment également que d'autres technologies contemporaines (transmission radio, radar et autres instruments) étaient également insuffisantes pour cette tâche.

Décès du personnel de la NASA

Dans un programme télévisé sur les allégations de canular de l'alunissage, Fox Entertainment Group a énuméré les décès de dix astronautes et de deux civils liés au programme de vols spatiaux en équipage comme faisant partie d'une prétendue dissimulation.

- Theodore Freeman (tué en s'éjectant d'un T-38 qui avait subi un impact d'oiseau, octobre 1964)

- Elliot See et Charlie Bassett (accident de T-38 par mauvais temps, février 1966)

- Virgil "Gus" Grissom, Ed White et Roger B. Chaffee (tués dans un incendie lors du "plugs-out test" précédant Apollo 1, janvier 1967)

- Edward "Ed" Givens (tué dans un accident de voiture, juin 1967)

- Clifton "C. C." Williams (tué en s'éjectant d'un T-38, octobre 1967)

- Michael J. "Mike" Adams (mort dans un accident de X-15, en novembre 1967. Adams fut le seul pilote tué durant le programme d'essais en vol du X-15. Il était pilote d'essai, et non astronaute de la NASA, mais il avait piloté le X-15 à plus de 80 kilomètres ou 50 miles.)

- Robert Henry Lawrence Jr. (tué dans l'écrasement d'un F-104, en décembre 1967, peu après avoir été sélectionné comme pilote pour le programme Manned Orbiting Laboratory (MOL) de l'armée de l'air des États-Unis, qui a été annulé en 1969).

- Thomas Ronald Baron (employé de North American Aviation. Baron est décédé dans une collision automobile avec un train, le 27 avril 1967, six jours après avoir témoigné devant la House Subcommittee on NASA Oversight du Rep. Olin E. Teague lors des audiences tenues à la suite de l'incendie d'Apollo 1, après quoi il a été licencié)

Deux d'entre eux, le pilote de X-15 Mike Adams et le pilote de MOL Robert Lawrence, n'avaient aucun lien avec le programme spatial civil avec équipage qui a supervisé les missions Apollo. Baron était un inspecteur du contrôle de la qualité qui a écrit un rapport critique sur le programme Apollo et a critiqué ouvertement le bilan de la NASA en matière de sécurité après l'incendie d'Apollo 1. Baron et sa famille ont été tués lorsque leur voiture a été heurtée par un train à un passage à niveau. Les décès étaient des accidents. Tous les décès ont eu lieu au moins 20 mois *avant* Apollo 11 et les vols suivants.

En septembre 2021, quatre des douze astronautes d'Apollo qui se sont posés sur la Lune entre 1969 et 1972 sont encore en vie, dont Buzz Aldrin. De même, six des douze astronautes Apollo qui ont volé vers la Lune sans s'y poser entre 1968 et 1972 sont toujours en vie.

Le nombre de décès au sein du corps des astronautes américains au cours de la préparation d'Apollo et pendant les missions Apollo est similaire au nombre de décès subis par les Soviétiques. Entre 1961 et 1972, au moins huit cosmonautes soviétiques en activité ou anciens sont morts :

- Valentin Bondarenko (accident d'entraînement au sol, mars 1961)

- Grigori Nelyubov (suicide, février 1966)

- Vladimir Komarov (accident de Soyouz 1, avril 1967)

- Yuri Gagarin (accident de MiG-15, mars 1968)

- Pavel Belyayev (complications suite à une opération, janvier 1970)

- Georgi Dobrovolski, Vladislav Volkov et Viktor Patsayev (accident de Soyouz 11, juin 1971)

De plus, le chef général de leur programme de vols spatiaux en équipage, Sergei Korolev, est décédé lors d'une opération chirurgicale en janvier 1966.

Réponse de la NASA

En juin 1977, la NASA a publié une fiche d'information répondant aux récentes affirmations selon lesquelles les alunissages d'Apollo avaient été truqués. La fiche d'information est particulièrement directe et considère l'idée de truquer les alunissages comme absurde et farfelue. La NASA fait référence aux roches et aux particules recueillies sur la Lune comme étant la preuve de la légitimité du programme, car elle affirme que ces roches n'auraient pas pu être formées dans les conditions de la Terre. La NASA fait également remarquer que toutes les opérations et les phases du programme Apollo ont été suivies de près et ont fait l'objet d'un examen minutieux de la part des médias, du décollage à l'amerrissage. La NASA répond au livre de Bill Kaysing, *We Never Went to the Moon*, en identifiant l'une de ses affirmations frauduleuses concernant l'absence de cratère laissé à la surface de la Lune par l'atterrissage du module lunaire, et en la réfutant par des faits concernant le sol et la nature cohésive de la surface de la Lune.

La fiche d'information a été rééditée le 14 février 2001, la veille de la diffusion par la chaîne de télévision Fox de *Conspiracy Theory : Did We Land on the Moon ?* Ce documentaire a ravivé l'intérêt du public pour les théories du complot et la possibilité que les alunissages aient été truqués, ce qui a poussé la NASA à défendre une fois de plus son nom.

Participation présumée de Stanley Kubrick

Le cinéaste Stanley Kubrick est accusé d'avoir produit une grande partie des séquences d'Apollos 11 et 12, sans doute parce qu'il venait de réaliser *2001 : L'Odyssée de l'espace*, qui se déroule en partie sur la Lune et comporte des effets spéciaux avancés. On a prétendu que lorsque *2001* était en post-production, au début de 1968, la NASA a secrètement demandé à Kubrick de réaliser les trois premiers alunissages. Le lancement et l'amerrissage seraient réels, mais le vaisseau spatial resterait en orbite terrestre et des images truquées seraient diffusées en "direct de la Lune". Aucune preuve n'a été apportée à cette théorie, qui néglige de nombreux faits. Par exemple, *2001* est sorti avant le premier atterrissage d'Apollo et la description de la surface de la Lune par Kubrick diffère grandement de son apparence dans les images d'Apollo. Les mouvements des personnages sur la Lune dans *2001* diffèrent des mouvements filmés des astronautes d'Apollo, et ne ressemblent pas à un environnement ayant 1/6 de la gravité de la Terre. Plusieurs scènes de *2001* montrent des tourbillons de poussière lors de l'atterrissage des vaisseaux spatiaux, ce qui ne se produirait pas dans l'environnement vide de la Lune. Pour *2001*, Kubrick a engagé Frederick Ordway et Harry Lange, qui avaient tous deux travaillé pour la NASA et d'importants entrepreneurs aérospatiaux. Kubrick a également utilisé des objectifs 50 mm f/0,7 qui provenaient d'un lot fabriqué par Zeiss pour la NASA. Cependant, Kubrick n'a obtenu cet objectif que pour *Barry Lyndon* (1975). L'objectif était à l'origine un objectif de photo et a dû être modifié pour être utilisé pour le tournage de films.

Le mockumentary basé sur cette idée, *Dark Side of the Moon*, pourrait avoir alimenté la théorie du complot. Ce mockumentary français, réalisé par William Karel, a été diffusé à l'origine sur la chaîne Arte en 2002 avec le titre *Opération Lune*. Il parodie les théories du complot avec des interviews truquées, des histoires d'assassinats d'assistants de Stanley Kubrick par la CIA, et une variété d'erreurs flagrantes, de jeux de mots et de références à de vieux personnages de films, insérés dans le film comme indices pour le spectateur. Néanmoins, *Opération Lune* est toujours pris pour argent comptant par certains adeptes de la conspiration.

Un article intitulé "Stanley Kubrick and the Moon Hoax" est apparu sur Usenet en 1995, dans le groupe de discussion "alt.humor.best-of-usenet". Un passage - sur la façon dont Kubrick aurait été contraint de participer à la conspiration - se lit comme suit :

La NASA a encore renforcé sa position en menaçant de révéler publiquement la forte implication du jeune frère de M. Kubrick, Raul, dans le parti communiste américain. Cela aurait été un embarras intolérable pour M. Kubrick, surtout depuis la sortie de *Dr. Strangelove*.

Kubrick n'avait pas un tel frère - l'article était une parodie, avec une phrase d'introduction décrivant Kubrick en train de filmer le moonwalk "sur place" sur la Lune. Néanmoins, l'affirmation a été reprise avec sérieux ; Clyde Lewis l'a utilisée presque mot pour mot, tandis que Jay Weidner a donné au frère un statut plus élevé au sein du parti :

Personne ne sait comment le pouvoir en place a convaincu Kubrick de réaliser les atterrissages d'Apollo. Peut-être avaient-ils compromis Kubrick d'une manière ou d'une autre. Le fait que son frère, Raul Kubrick, soit à la tête du parti communiste américain a peut-être été l'une des pistes explorées par le gouvernement pour obtenir la coopération de Stanley.

En juillet 2009, Weidner a publié sur sa page web "Secrets of the Shining", où il affirme que le film *The Shining* (1980) de Kubrick est une confession voilée de son rôle dans le projet d'escroquerie. Cette thèse a fait l'objet d'une réfutation dans un article publié sur Seeker près de six mois plus tard.

Le film *Moonwalkers* (2015) est un récit fictif de l'affirmation d'un agent de la CIA concernant l'implication de Kubrick.

En décembre 2015, une vidéo a fait surface, montrant prétendument Kubrick interviewé peu avant sa mort en 1999 ; la vidéo montre prétendument le réalisateur avouant à T. Patrick Murray que les alunissages d'Apollo avaient été truqués. Les recherches ont toutefois rapidement révélé que la vidéo était un canular.

Travail académique

En 2002, la NASA a accordé 15 000 dollars à James Oberg pour une commande visant à rédiger une réfutation point par point des allégations de canular. Cependant, la NASA a annulé la commande plus tard cette année-là, après des plaintes selon lesquelles le livre rendrait les accusations dignes. Oberg a déclaré qu'il avait l'intention de terminer le livre. En novembre 2002, Peter Jennings a déclaré : "La NASA va dépenser quelques milliers de dollars pour essayer de prouver à certaines personnes que les États-Unis ont bien fait atterrir des hommes sur la Lune" et "La NASA a été tellement ébranlée qu'elle a engagé quelqu'un pour écrire un livre réfutant les théoriciens de la conspiration". Selon Oberg, la croyance dans les théories du canular n'est pas la faute des conspirationnistes, mais plutôt celle des enseignants et des personnes (y compris la NASA) qui devraient fournir des informations au public.

En 2004, Martin Hendry et Ken Skeldon, de l'université de Glasgow, ont reçu une subvention du Conseil de recherche en physique des particules et en astronomie, basé au Royaume-Uni, pour enquêter sur les théories de conspiration sur l'alunissage. En novembre 2004, ils ont donné une conférence au Centre scientifique de Glasgow où les dix principales affirmations des conspirationnistes ont été abordées et réfutées individuellement.

Spécial *MythBusters*

Un épisode de *MythBusters* en août 2008 a été consacré aux alunissages. L'équipe de *MythBusters* a testé de nombreuses affirmations des conspirationnistes. Certains de ces tests ont été effectués dans un centre d'entraînement de la NASA. Toutes les affirmations des conspirationnistes examinées dans l'émission ont été qualifiées de "Busted", ce qui signifie que les affirmations des conspirationnistes étaient fausses.

Preuves tierces des alunissages

Imagerie des sites d'atterrissage

Les conspirationnistes affirment que les observatoires et le télescope spatial Hubble devraient être en mesure de photographier les sites d'alunissage. Cela implique que les principaux observatoires du monde (ainsi que le programme Hubble) sont complices du canular en refusant de prendre des photos des sites d'alunissage. Des photos de la Lune ont été prises par Hubble, y compris d'au moins deux sites d'atterrissage d'Apollo, mais la résolution de Hubble limite l'observation des objets lunaires à des tailles d'au moins 55-69 m (60-75 yd), ce qui est insuffisant pour voir les caractéristiques des sites d'atterrissage.

En avril 2001, Leonard David a publié un article sur space.com, qui montrait une photo prise par la mission Clementine montrant une tache sombre diffuse à l'endroit où, selon la NASA, se trouve l'atterrisseur d'Apollo 15. Cette preuve a été remarquée par Misha Kreslavsky, du département des sciences géologiques de l'université de Brown, et Yuri Shkuratov, de l'observatoire astronomique de Kharkiv, en Ukraine. La sonde sans équipage SMART-1 de l'Agence spatiale européenne a renvoyé des photos des sites d'atterrissage, selon Bernard Foing, scientifique en chef du programme scientifique de l'ESA. "Toutefois, étant donné l'orbite initiale élevée de SMART-1, il pourrait s'avérer difficile de voir les artefacts", a déclaré M. Foing dans une interview accordée à space.com.

En 2002, Alex R. Blackwell de l'Université d'Hawaï a fait remarquer que certaines photos prises par les astronautes d'Apollo alors qu'ils étaient en orbite autour de la Lune montrent les sites d'atterrissage.

Le Daily Telegraph a publié un article en 2002 indiquant que les astronomes européens du Very Large Telescope (VLT) l'utiliseraient pour visualiser les sites d'atterrissage. Selon l'article, le Dr Richard West a déclaré que son équipe prendrait "une image haute résolution de l'un des sites d'atterrissage d'Apollo." Marcus Allen, un conspirationniste, a répondu qu'aucune photo de matériel sur la Lune ne le convaincrait que des atterrissages humains ont eu lieu. Le télescope a été utilisé pour prendre des images de la Lune et a fourni une résolution de 130 mètres (430 pieds), ce qui n'était pas assez bon pour résoudre les atterrisseurs lunaires de 4,2 mètres (14 pieds) de large ou leurs longues ombres.

L'Agence japonaise d'exploration aérospatiale (JAXA) a lancé son orbiteur lunaire SELENE le 14 septembre 2007 (JST), depuis le centre spatial de Tanegashima. SELENE a orbité autour de la Lune à environ 100 km d'altitude. En mai 2008, la JAXA a déclaré avoir détecté le "halo" généré par l'échappement du moteur du module lunaire d'Apollo 15 sur une image de la caméra terrestre. Une photo reconstruite en trois dimensions correspondait également au terrain d'une photo d'Apollo 15 prise depuis la surface.

Le 17 juillet 2009, la NASA a publié des photos d'essai technique à basse résolution des sites d'atterrissage d'Apollo 11, Apollo 14, Apollo 15, Apollo 16 et Apollo 17 qui ont été photographiés par le Lunar Reconnaissance Orbiter dans le cadre du processus de démarrage de sa mission principale. Les photos montrent l'étape de descente des atterrisseurs de chaque mission sur la surface de la Lune. La photo du site d'atterrissage d'Apollo 14 montre également les traces laissées par un astronaute entre une expérience scientifique (ALSEP) et l'atterrisseur. Des photos du site d'atterrissage d'Apollo 12 ont été publiées par la NASA le 3 septembre 2009. L'étage de descente de l'atterrisseur *Intrepid*, l'ensemble d'expériences (ALSEP), le vaisseau spatial Surveyor 3 et les traces de pas des astronautes sont tous visibles. Si les images du LRO ont été appréciées par la communauté scientifique dans son ensemble, elles n'ont en rien convaincu les conspirationnistes que les atterrissages ont bien eu lieu.

Le 1er septembre 2009, la mission lunaire indienne Chandrayaan-1 a pris des photos du site d'atterrissage d'Apollo 15 et des traces des rovers lunaires. L'Indian Space Research Organisation a lancé sa sonde lunaire sans équipage le 8 septembre 2008 (IST), depuis le centre spatial Satish Dhawan. Les photos ont été prises par une caméra hyperspectrale faisant partie de la charge utile de la mission.

La deuxième sonde lunaire chinoise, Chang'e 2, qui a été lancée en 2010, peut photographier la surface lunaire avec une résolution allant jusqu'à 7 m (23 ft). Elle a repéré des traces des atterrissages d'Apollo.

Roches lunaires

Le programme Apollo a collecté 380 kg (838 lb) de roches lunaires au cours des six missions avec équipage. Les analyses effectuées par les scientifiques du monde entier s'accordent toutes à dire que ces roches proviennent de la Lune - aucun compte rendu publié dans des revues scientifiques à comité de lecture ne conteste cette affirmation. Les échantillons d'Apollo se distinguent facilement des météorites et des roches terrestres par l'absence de produits d'altération hydratés, par la preuve qu'ils ont subi des impacts sur un corps sans air et par des caractéristiques géochimiques uniques. De plus, la plupart d'entre elles sont plus vieilles de plus de 200 millions d'années que les plus anciennes roches terrestres. Les roches lunaires partagent également les mêmes caractéristiques que les échantillons soviétiques.

Les conspirationnistes affirment que le voyage du directeur du Marshall Space Flight Center, Wernher von Braun, en Antarctique en 1967 (environ deux ans avant le lancement d'Apollo 11) avait pour but de rassembler des météorites lunaires afin de les utiliser comme fausses pierres lunaires. Comme von Braun était un ancien officier SS (bien qu'il ait été détenu par la Gestapo), le documentaire *Did We Go ?* suggère qu'il aurait pu subir des pressions pour accepter la conspiration afin de se protéger des récriminations liées à son passé. La NASA a déclaré que la mission de von Braun était "d'examiner les facteurs environnementaux et logistiques qui pourraient être liés à la planification des futures missions spatiales et du matériel." La NASA continue d'envoyer des équipes travailler en Antarctique pour imiter les conditions sur d'autres planètes.

Il est maintenant accepté par la communauté scientifique que des roches ont été projetées de la surface martienne et lunaire lors d'impacts, et que certaines d'entre elles ont atterri sur la Terre sous forme de météorites. Cependant, la première météorite lunaire antarctique a été trouvée en 1979, et son origine lunaire n'a été reconnue qu'en 1982. De plus, les météorites lunaires sont si rares qu'il est peu probable qu'elles puissent expliquer les 380 kg de roches lunaires que la NASA a recueillies entre 1969 et 1972. Jusqu'à présent, seuls 30 kg (66 lb) de météorites lunaires ont été trouvés sur Terre, malgré les recherches menées depuis plus de 20 ans par des collectionneurs privés et des agences gouvernementales du monde entier.

Alors que les missions Apollo ont recueilli 380 kg de roches lunaires, les robots soviétiques Luna 16, Luna 20 et Luna 24 n'en ont recueilli que 326 g (11,5 oz) au total (soit moins d'un millième). En effet, les plans actuels de retour d'échantillons martiens ne permettraient de recueillir qu'environ 500 g de sol, et une mission robotisée Pôle Sud-Bassin d'Itken récemment proposée ne permettrait de recueillir qu'environ 1 kg de roche lunaire. Si la NASA avait utilisé une technologie robotique similaire, il aurait fallu entre 300 et 2 000 missions robotisées pour collecter la quantité actuelle de roches lunaires détenues par la NASA.

Au sujet de la composition des roches lunaires, Kaysing a demandé : "Pourquoi n'a-t-on jamais parlé d'or, d'argent, de diamants ou d'autres métaux précieux sur la Lune ? N'était-ce pas une possibilité viable ? Pourquoi ce fait n'a-t-il jamais été discuté [*sic*] dans la presse ou par les astronautes ?" Les géologues savent que les gisements d'or et d'argent sur Terre sont le résultat de l'action de fluides hydrothermaux concentrant les métaux précieux dans des veines de minerai. Puisqu'en 1969, on croyait que l'eau était absente sur la Lune, aucun géologue n'a discuté de la possibilité d'en trouver en grande quantité sur la Lune.

Missions suivies par des parties indépendantes

En dehors de la NASA, un certain nombre de groupes et d'individus ont suivi les missions Apollo au fur et à mesure de leur déroulement. Lors des missions ultérieures, la NASA a diffusé des informations au public expliquant où et quand les vaisseaux spatiaux pouvaient être vus. Leurs trajectoires de vol ont été suivies à l'aide de radars et ils ont été vus et photographiés à l'aide de télescopes. Les transmissions radio entre les astronautes à la surface et en orbite ont également été enregistrées de manière indépendante.

Rétroréflecteurs

La présence de rétroréflecteurs (miroirs utilisés comme cibles pour les lasers de poursuite terrestres) provenant de l'expérience LRRR (Laser Ranging Retroreflector Experiment) prouve qu'il y a eu des alunissages. L'observatoire Lick a tenté de détecter le rétroréflecteur d'Apollo 11 alors qu'Armstrong et Aldrin étaient encore sur la Lune, mais n'y est parvenu que le 1er août 1969. Les astronautes d'Apollo 14 ont déployé un rétroréflecteur le 5 février 1971 et l'observatoire McDonald l'a détecté le même jour. Le rétroréflecteur d'Apollo 15 a été déployé le 31 juillet 1971 et a été détecté par l'Observatoire McDonald quelques jours plus tard. Des rétroréflecteurs plus petits ont également été placés sur la Lune par les Russes ; ils ont été fixés aux rovers lunaires Lunokhod 1 et Lunokhod 2.

L'opinion publique

Dans un sondage réalisé en 1994 par le *Washington Post*, 9 % des personnes interrogées ont déclaré qu'il était possible que les astronautes ne soient pas allés sur la Lune et 5 % étaient incertains. Un sondage Gallup de 1999 a révélé que 6 % des Américains interrogés doutaient que les alunissages aient eu lieu et que 5 % des personnes interrogées étaient sans opinion, ce qui correspond à peu près aux résultats d'un sondage similaire réalisé en 1995 par *Time/CNN*. Les responsables du réseau Fox ont déclaré que ce scepticisme a atteint environ 20 % après la diffusion, en février 2001, de l'émission spéciale de leur réseau, *Conspiracy Theory : Did We Land on the Moon ?* qui a été vu par environ 15 millions de téléspectateurs. Cette émission spéciale de Fox est considérée comme ayant favorisé les allégations de canular.

Un sondage réalisé en 2000 par la Fondation de l'opinion publique (ΦOM) en Russie a révélé que 28 % des personnes interrogées ne croyaient pas que les astronautes américains avaient atterri sur la Lune, et ce pourcentage est à peu près égal dans tous les groupes socio-démographiques. En 2009, un sondage réalisé par le magazine *Engineering & Technology du Royaume-Uni* a révélé que 25 % des personnes interrogées ne croyaient pas que des hommes avaient atterri sur la Lune. Un autre sondage donne que 25 % des jeunes de 18 à 25 ans interrogés n'étaient pas certains que les atterrissages aient eu lieu.

Il existe dans le monde entier des sous-cultures qui défendent la croyance que les alunissages ont été truqués. En 1977, le magazine Hare Krishna *Back to Godhead* a qualifié les alunissages de canulars, affirmant que, puisque le Soleil est à 150 millions de km et que "selon la mythologie hindoue, la Lune est à 800 000 miles [1 300 000 km] de plus", la Lune serait à près de 151 millions de km ; pour parcourir cette distance en 91 heures, il faudrait une vitesse de plus d'un million de miles par heure, "un exploit manifestement impossible, même selon les calculs des scientifiques".

James Oberg d'ABC News a déclaré que la théorie de la conspiration est enseignée dans les écoles cubaines et partout où des enseignants cubains sont envoyés. Un sondage réalisé dans les années 1970 par l'Agence d'information des États-Unis dans plusieurs pays d'Amérique latine, d'Asie et d'Afrique a révélé que la plupart des personnes interrogées ne connaissaient pas les alunissages, que beaucoup d'autres les considéraient comme de la propagande ou de la science-fiction et que beaucoup pensaient que c'étaient les Russes qui s'étaient posés sur la Lune.

En 2019, Ipsos a mené une étude pour C-Span afin d'évaluer le niveau de croyance que l'alunissage de 1969 était truqué. Six pour cent des personnes interrogées pensaient qu'il n'était pas réel, mais onze pour cent des milléniaux (qui ont atteint l'âge adulte au début du 21e siècle) étaient les plus susceptibles de croire qu'il n'était pas factuel.

Théories de la conspiration du 11 septembre

Il existe de nombreuses théories du complot qui attribuent la planification et l'exécution des attentats du 11 septembre contre les États-Unis à des parties autres qu'Al-Qaida, ou en plus de celle-ci. Il s'agit notamment de la théorie selon laquelle des responsables gouvernementaux de haut niveau avaient une connaissance préalable des attaques. Les enquêtes gouvernementales et les examens indépendants ont rejeté ces théories. Les partisans de ces théories affirment qu'il y a des incohérences dans la version communément acceptée, ou qu'il existe des preuves qui ont été ignorées, dissimulées ou négligées.

La théorie de la conspiration la plus répandue est que l'effondrement des tours jumelles et du World Trade Center était le résultat de démolitions contrôlées plutôt que d'une défaillance structurelle due à l'impact et au feu. Une autre croyance très répandue est que le Pentagone a été frappé par un missile lancé par des éléments du gouvernement américain ou qu'un avion de ligne a été autorisé à le faire par une mise au repos effective de l'armée américaine. Parmi les motifs possibles invoqués par les théoriciens du complot pour justifier de tels actes, citons la justification des invasions de l'Afghanistan et de l'Irak (même si le gouvernement américain a conclu que l'Irak n'était pas impliqué dans les attaques) pour faire avancer leurs intérêts géostratégiques, tels que les plans de construction d'un gazoduc en Afghanistan. D'autres théories du complot veulent que les autorités aient eu connaissance des attentats à l'avance et aient délibérément ignoré ou aidé les attaquants.

Le National Institute of Standards and Technology (NIST) et le magazine technologique *Popular Mechanics* ont enquêté et rejeté les affirmations des théoriciens de la conspiration du 11 septembre. La Commission du 11 septembre et la plupart des spécialistes du génie civil reconnaissent que l'impact d'avions à réaction à grande vitesse, combiné aux incendies qui ont suivi, et non une démolition contrôlée, a entraîné l'effondrement des tours jumelles, mais certains groupes adeptes de la théorie du complot, dont Architects & Engineers for 9/11 Truth, ne partagent pas les arguments du NIST et de *Popular Mechanics*.

Contexte

Les théoriciens de la conspiration du 11 septembre rejettent l'un ou les deux faits suivants concernant les attentats du 11 septembre :

- Des agents suicidaires d'Al-Qaida ont détourné et fait s'écraser le vol 175 d'United Airlines et le vol 11 d'American Airlines sur les tours jumelles du World Trade Center, et ont fait s'écraser le vol 77 d'American Airlines sur le Pentagone. L'impact et les incendies qui en ont résulté ont provoqué l'effondrement des tours jumelles et la destruction et l'endommagement d'autres bâtiments du complexe du World Trade Center. Le Pentagone a été gravement endommagé par l'impact de l'avion de ligne et l'incendie qui en a résulté. Les pirates de l'air ont également écrasé un quatrième avion dans un champ près de Shanksville, en Pennsylvanie, après que les passagers et l'équipage aient tenté de reprendre le contrôle de l'appareil.

- Les avertissements antérieurs à l'attaque, plus ou moins détaillés, concernant les attentats prévus contre les États-Unis par Al-Qaida ont été ignorés en raison du manque de communication entre les différents services de police et de renseignement. Pour expliquer le manque de communication entre les agences, le rapport sur le 11 septembre cite l'inertie bureaucratique et les lois adoptées dans les années 1970 pour empêcher les abus qui ont provoqué des scandales à cette époque, notamment le scandale du Watergate. Le rapport reproche aux administrations Clinton et Bush un "manque d'imagination".

Cette opinion consensuelle est étayée par diverses sources, notamment :

- Les rapports d'enquêtes gouvernementales - le rapport de la Commission sur le 11 septembre (qui a intégré des informations provenant de l'enquête antérieure du FBI (PENTTBOM) et de l'enquête conjointe de 2002), et les études sur la performance des bâtiments menées par l'Agence fédérale de gestion des urgences (FEMA) et le National Institute of Standards and Technology (NIST).

- Les enquêtes menées par des organisations non gouvernementales qui soutiennent le récit accepté - comme celles des scientifiques de l'Université de Purdue.

- Des articles étayant ces faits et théories paraissent dans des magazines tels que *Popular Mechanics*, *Scientific American* et *Time*.

- Articles similaires dans les médias du monde entier, notamment le *Times of India*, la Canadian Broadcasting Corporation (CBC), la BBC, *Le Monde*, Deutsche Welle, l'Australian Broadcasting Corporation (ABC) et *le Chosun Ilbo* de Corée du Sud.

Histoire

Depuis les attentats, diverses théories du complot ont été avancées sur des sites Web, dans des livres et des films. De nombreux groupes et individus qui défendent les théories du complot du 11 septembre s'identifient comme faisant partie du mouvement pour la vérité sur le 11 septembre. Dans les six heures qui ont suivi l'attaque, une suggestion est apparue sur un salon de discussion sur Internet, suggérant que l'effondrement des tours ressemblait à un acte de démolition contrôlée. "Si, en quelques jours, pas un seul officiel n'a mentionné quoi que ce soit à propos de la partie démolition contrôlée," écrit l'auteur, "je pense que nous avons un problème VRAIMENT sérieux." Les premières théories qui ont émergé se concentraient principalement sur diverses anomalies perçues dans les preuves disponibles publiquement, et les partisans ont ensuite développé des théories plus spécifiques sur un prétendu complot. Une allégation fausse qui a été largement diffusée par courrier électronique et sur le Web est que pas un seul Juif n'avait été tué dans l'attentat et que, par conséquent, les attaques devaient être l'œuvre du Mossad et non de terroristes islamiques.

Les premières théories élaborées apparaissent en Europe. Une semaine après les attentats, la théorie du "inside job" fait l'objet d'une thèse d'un chercheur du Centre national de la recherche scientifique français publiée dans *Le Monde*. D'autres théories surgissent des quatre coins du monde dans les semaines qui suivent. Six mois après les attentats, l'ouvrage de Thierry Meyssan sur le 11 septembre, *L'Effroyable Imposture*, est en tête de la liste des best-sellers français. Sa publication en anglais (sous le titre *9/11 : The Big Lie*) a reçu peu d'attention, mais elle reste l'une des principales sources du "truthérisme". L'année 2003 a vu la publication de *The CIA and September 11* par l'ancien ministre d'État allemand Andreas von Bülow et de *Operation 9/11* par le journaliste allemand Gerhard Wisnewski ; les deux livres sont publiés par Mathias Bröckers, qui était à l'époque rédacteur au journal allemand *Die Tageszeitung*.

Alors que ces théories étaient populaires en Europe, elles ont été traitées par les médias américains avec perplexité ou amusement, et elles ont été rejetées par le gouvernement américain comme étant le produit de l'anti-américanisme. Dans un discours prononcé aux Nations unies le 10 novembre 2001, le président George W. Bush a dénoncé l'émergence de "théories du complot scandaleuses [...] qui tentent de rejeter la responsabilité sur les terroristes eux-mêmes, sur les coupables."

Les théories de la conspiration du 11 septembre ont commencé principalement dans la gauche politique, mais se sont étendues à ce que le magazine *New York* décrit comme "une terra incognita où la gauche et la droite se rencontrent, fusionnant la méfiance de la contre-culture des années 60 avec la variété "ne marchez pas sur moi"".

En 2004, les théories du complot concernant les attentats du 11 septembre ont commencé à gagner du terrain aux États-Unis. L'une des explications est que cette hausse de popularité est davantage due aux critiques croissantes à l'égard de la guerre en Irak et du président George W. Bush nouvellement réélu qu'à la découverte de nouvelles preuves ou de preuves plus convaincantes ou à une amélioration de la qualité technique de la présentation des théories. Knight Ridder news a émis l'hypothèse que les révélations selon lesquelles les armes de destruction massive n'existaient pas en Irak, la publication tardive du President's Daily Brief du 6 août 2001 et les rapports selon lesquels le NORAD avait menti à la Commission du 11 septembre ont pu alimenter les théories du complot.

Entre 2004 et le cinquième anniversaire des attentats du 11 septembre en 2006, la couverture médiatique des théories du complot a augmenté. Le gouvernement américain a publié une analyse formelle de l'effondrement du World Trade Center par le National Institute of Standards and Technology (NIST). Pour faire face à la publicité croissante de ces théories, le département d'État a révisé une page Web en 2006 pour les démystifier. Un document de stratégie de sécurité nationale de 2006 déclare que le terrorisme naît de "sous-cultures de conspiration et de désinformation" et que "les terroristes recrutent plus efficacement parmi les populations dont les informations sur le monde sont contaminées par des mensonges et corrompues par des théories de conspiration. Les distorsions entretiennent les griefs et filtrent les faits qui remettraient en cause les préjugés populaires et la propagande intéressée." Al-Qaida a revendiqué à plusieurs reprises la responsabilité des attentats, le chef adjoint Ayman al-Zawahiri accusant l'Iran chiite et le Hezbollah de dénigrer les succès sunnites en blessant l'Amérique en lançant intentionnellement des rumeurs selon lesquelles Israël aurait commis les attentats.

Certaines des théories de la conspiration concernant les attentats du 11 septembre n'impliquent pas les stratégies de représentation typiques de nombreuses théories de la conspiration qui établissent une dichotomie claire entre le bien et le mal, ou entre le coupable et l'innocent ; elles font plutôt appel à des gradations de négligence et de complicité. Matthias Bröckers, un des premiers partisans de ces théories, rejette le récit communément accepté des attentats du 11 septembre comme étant lui-même une théorie du complot qui cherche à "réduire la complexité, démêler ce qui est confus" et "expliquer l'inexplicable".

Juste avant le cinquième anniversaire des attentats, les médias grand public ont publié une multitude d'articles sur la croissance des théories de la conspiration du 11 septembre, dont un article du *Time* affirmant que " [c]e n'est pas un phénomène marginal. C'est une réalité politique courante". Plusieurs enquêtes ont inclus des questions sur les croyances liées aux attaques du 11 septembre. En 2008, les théories du complot du 11 septembre sont arrivées en tête d'une liste des "plus grandes théories du complot" établie par le *Daily Telegraph*. La liste était classée en fonction de l'audience et de la popularité.

En 2010, le "Centre international d'études sur le 11 septembre", une organisation privée réputée favorable aux théories du complot, a réussi à obtenir la publication des vidéos recueillies par le NIST sur les attentats et leurs conséquences. Selon le quotidien allemand *Frankfurter Allgemeine Zeitung*, les vidéos, publiées peu avant le neuvième anniversaire des attentats, fournissent "de nouveaux éléments aux théoriciens du complot." Plusieurs de ces vidéos montrent des images du 7 World Trade Center, un gratte-ciel situé à proximité des tours du WTC qui s'est également effondré le 11 septembre 2001.

Les personnalités de la vérité sur le 11 septembre, Steven E. Jones et Mike Berger, ont ajouté que la mort d'Oussama ben Laden n'a rien changé à leurs questions sur les attentats, ni permis de tourner la page.

Selon l'écrivain Jeremy Stahl, depuis que Bush a quitté ses fonctions, le nombre total de personnes croyant aux théories du complot du 11 septembre a diminué, tandis que le nombre de personnes croyant aux théories les plus "radicales" est resté relativement stable.

Types

Les théories du complot les plus répandues peuvent être divisées en trois grandes catégories :

- LIHOP ("Let it happen on purpose") - suggère que des individus clés au sein du gouvernement avaient au moins une certaine connaissance préalable des attaques et l'ont délibérément ignorée ou ont activement affaibli les défenses des États-Unis pour s'assurer que les vols détournés ne soient pas interceptés. Des allégations similaires ont été faites à propos de Pearl Harbor.

- MIHOP ("Make/Made it happen on purpose") - selon laquelle des personnes clés au sein du gouvernement ont planifié les attentats et collaboré avec Al-Qaida, ou l'ont piégé, pour les perpétrer. Les avis divergent sur la manière dont cela a pu se produire.

- D'autres - qui rejettent le récit accepté des attaques du 11 septembre - ne proposent pas de théories spécifiques, mais tentent de démontrer que le récit des événements par le gouvernement américain est erroné. Cela conduirait, selon eux, à un appel général à une nouvelle enquête officielle sur les événements du 11 septembre 2001. Selon Jonathan Kay, rédacteur en chef chargé des commentaires au journal canadien *National Post* et auteur de l'ouvrage *Among the Truthers : A Journey Through America's Growing Conspiracist Underground*, "Ils estiment que leur travail consiste à montrer à tout le monde que la théorie officielle du 11 septembre est fausse. Et ensuite, lorsque tout le monde sera convaincu, la population se soulèvera et exigera une nouvelle enquête avec les ressources du gouvernement, et cette enquête nous dira ce qui s'est réellement passé."

Théories

Connaissance préalable

Les théoriciens du complot affirment que l'action ou l'inaction de responsables américains ayant une connaissance préalable était destinée à garantir le succès des attentats. Par exemple, Michael Meacher, ancien ministre britannique de l'environnement et membre du gouvernement de Tony Blair, a déclaré que les États-Unis n'avaient sciemment pas réussi à empêcher les attentats.

Soupçon de délit d'initié

Certains théoriciens de la conspiration affirment que juste avant le 11 septembre, une quantité "extraordinaire" d'options de vente ont été placées sur les actions de United Airlines et d'American Airlines. Ils spéculent sur le fait que des initiés auraient pu connaître à l'avance les événements du 11 septembre et placer leurs paris en conséquence. Une analyse de la possibilité d'un délit d'initié le 11 septembre conclut que :

Une mesure du volume anormal des options de vente longues a également été examinée et il a été constaté que les niveaux étaient anormalement élevés dans les jours précédant les attaques. Par conséquent, l'article conclut qu'il existe des preuves d'une activité inhabituelle sur le marché des options dans les jours précédant le 11 septembre, ce qui est cohérent avec le fait que les investisseurs ont négocié sur la base d'une connaissance préalable des attaques.

Cette étude visait à répondre aux "nombreuses spéculations sur la question de savoir si l'activité du marché des options indiquait que les terroristes ou leurs associés avaient effectué des transactions dans les jours précédant le 11 septembre en ayant connaissance de l'imminence des attaques".

Dans les jours précédant le 11 septembre, l'analyse montre une augmentation du rapport entre les options de vente et d'achat pour United Airlines et American Airlines, les deux compagnies aériennes dont les avions ont été détournés le 11 septembre. Entre les 6 et 7 septembre, le Chicago Board Options Exchange a enregistré l'achat de 4 744 contrats d'options "put" sur UAL et de 396 options d'achat. Le 10 septembre, d'autres transactions à Chicago ont permis d'acheter 4 516 options de vente sur American Airlines, l'autre compagnie aérienne impliquée dans les détournements, et seulement 748 options d'achat sur American ont été achetées ce jour-là. Aucune autre compagnie aérienne n'avait un rapport inhabituel entre les options de vente et les options d'achat dans les jours précédant les attaques. La Commission du 11 septembre a conclu que tous ces modèles anormaux d'échanges étaient une coïncidence.

Les compagnies d'assurance ont également connu des activités commerciales anormales. Citigroup Inc, qui a estimé que son unité d'assurance Travelers pourrait payer 500 millions de dollars en indemnités suite à l'attaque du World Trade Center, a enregistré un volume environ 45 fois supérieur à la normale pendant les trois jours de bourse précédant l'attaque pour les options qui rapportent si l'action tombe en dessous de 40 dollars. L'action Citigroup a perdu 1,25 dollar en fin de séance, à 38,09 dollars. Morgan Stanley, qui occupait 22 étages dans le World Trade Center, a connu un volume d'échanges supérieur à la normale avant l'attentat pour les options qui rapportent lorsque le cours des actions baisse. D'autres sociétés directement touchées par la tragédie ont connu des sauts similaires.

Raytheon, un entrepreneur de la défense, avait un nombre anormalement élevé d'options d'achat négociées le 10 septembre. Une option Raytheon qui rapporte de l'argent si les actions valent plus de 25 dollars chacune avait 232 contrats d'options négociés la veille des attentats, soit presque six fois le nombre total de transactions qui avaient eu lieu avant ce jour.

Les options initiales ont été achetées par l'intermédiaire d'au moins deux sociétés de courtage, dont NFS, une filiale de Fidelity Investments, et TD Waterhouse. On estime que le ou les négociateurs auraient réalisé un bénéfice de cinq millions de dollars. La Securities and Exchange Commission a lancé une enquête sur les délits d'initiés dans laquelle Oussama ben Laden était suspecté après avoir reçu des informations d'au moins une société de Wall Street.

Le rapport de la Commission sur le 11 septembre a conclu que "des enquêtes exhaustives menées par la Securities and Exchange Commission, le FBI et d'autres agences n'ont pas permis de prouver que quiconque avait une connaissance préalable des attaques a tiré profit de transactions sur titres". Le rapport a également déclaré :

Les allégations très médiatisées de délits d'initiés avant le 11 septembre reposent généralement sur des rapports faisant état d'une activité commerciale inhabituelle avant le 11 septembre dans des sociétés dont les actions ont chuté après les attentats. Certaines transactions inhabituelles ont effectivement eu lieu, mais chacune d'entre elles s'est avérée avoir une explication inoffensive. Par exemple, le volume des options de vente - des investissements qui ne sont rentables que lorsque le cours d'une action baisse - a augmenté dans les sociétés mères de United Airlines le 6 septembre et d'American Airlines le 10 septembre - des opérations très suspectes à première vue. Pourtant, une enquête plus approfondie a révélé que ces transactions n'avaient aucun lien avec le 11 septembre. Un seul investisseur institutionnel basé aux États-Unis et n'ayant aucun lien concevable avec Al-Qaïda a acheté 95 % des options de vente UAL le 6 septembre dans le cadre d'une stratégie de négociation qui comprenait également l'*achat de* 115 000 actions American le 10 septembre. De même, une grande partie des transactions apparemment suspectes sur American le 10 septembre a été retracée jusqu'à un bulletin d'information sur le commerce des options basé aux États-Unis, faxé à ses abonnés le dimanche 9 septembre, qui recommandait ces transactions. Ces exemples sont typiques des preuves examinées par l'enquête. La SEC et le FBI, aidés par d'autres agences et par l'industrie des valeurs mobilières, ont consacré d'énormes ressources à l'investigation de cette question, y compris l'obtention de la coopération de nombreux gouvernements étrangers. Ces enquêteurs ont constaté que les opérations apparemment suspectes se sont systématiquement révélées inoffensives.

Théorie de la mise en veille de la défense aérienne

Les théoriciens de la conspiration affirment souvent que le Commandement de la défense aérospatiale de l'Amérique du Nord (NORAD) a émis un ordre d'arrêt ou a délibérément fait décoller des avions de chasse en retard pour permettre aux avions détournés d'atteindre leurs cibles sans interférence. Selon cette théorie, le NORAD avait la capacité de localiser et d'intercepter les avions le 11 septembre, et le fait qu'il ne l'ait pas fait indique une conspiration du gouvernement pour permettre aux attentats de se produire. Le théoricien de la conspiration Mark R. Elsis déclare : "Il n'y a qu'une seule explication à cela... Notre armée de l'air a reçu l'ordre de se retirer le 11 septembre."

L'une des premières mesures prises par les pirates de l'air le 11 septembre a été d'éteindre ou de désactiver les transpondeurs de bord de chacun des quatre avions. Sans ces signaux de transpondeur permettant d'identifier le numéro de queue de l'avion, son altitude et sa vitesse, les avions détournés n'auraient été que des points parmi 4 500 autres points sur les écrans radar du NORAD, ce qui les aurait rendus très difficiles à suivre.

Le 11 septembre, seuls 14 avions de chasse étaient en alerte dans les 48 États contigus. Les contrôleurs aériens civils ne disposaient d'aucune méthode automatisée pour alerter le NORAD. Aucun avion de passagers n'avait été détourné aux États-Unis depuis 1979. "Il fallait qu'ils décrochent le téléphone et nous appellent littéralement", explique le major Douglas Martin, responsable des affaires publiques du NORAD. Un seul avion civil - un Learjet 35 affrété avec le golfeur Payne Stewart et cinq autres personnes à bord - a été intercepté par le NORAD au-dessus de l'Amérique du Nord au cours de la décennie précédant le 11 septembre, ce qui a pris une heure et 19 minutes.

Les règles en vigueur à cette époque, et le 11 septembre, interdisaient les vols supersoniques lors des interceptions. Avant le 11 septembre, toutes les autres interceptions du NORAD étaient limitées aux zones d'identification de défense aérienne (ADIZ) offshore. "Jusqu'au 11 septembre, il n'y avait pas d'ADIZ domestique", explique Bill Schumann, porte-parole de la FAA. Après le 11 septembre, la FAA et le NORAD ont renforcé leur coopération. Elles ont mis en place des lignes directes entre les centres de commandement, tandis que le NORAD augmentait la couverture de ses avions de chasse et installait des radars pour surveiller l'espace aérien au-dessus du continent.

L'alerte la plus longue que le NORAD ait reçue concernant les détournements d'avions a été de huit minutes pour le vol 11 d'American Airlines, le premier vol détourné. La FAA a alerté le NORAD du détournement du vol 175 à peu près au moment où celui-ci s'est écrasé sur la tour sud du World Trade Center. La FAA a informé le NORAD de la disparition du vol 77, qui n'a pas été détourné, trois minutes avant qu'il ne percute le Pentagone. Le NORAD n'a été averti du détournement du vol 93 d'United que trois minutes après que celui-ci se soit écrasé en Pennsylvanie.

Agents israéliens

Il a été affirmé que des agents israéliens pouvaient avoir eu connaissance des attentats, et une théorie persistante a revendiqué une implication israélienne et/ou juive. Quatre heures après l'attentat, le FBI a arrêté cinq Israéliens qui avaient filmé l'horizon enfumé depuis le toit d'une camionnette blanche sur le parking d'un immeuble d'habitation, pour "comportement suspect". Les Israéliens filmaient les événements, et un passant a déclaré qu'ils avaient agi de manière suspecte : "Ils étaient comme heureux, vous savez ... Ils ne m'ont pas paru choqués. J'ai trouvé ça très étrange". Il s'est avéré que la camionnette appartenait à une société israélienne appelée Urban Moving, dont le FBI pensait qu'elle servait de couverture à une opération des services secrets israéliens. L'affaire a ensuite été confiée à la section du contre-espionnage étranger du FBI. Selon un ancien chef des opérations de la CIA, "de nombreuses personnes de la communauté du renseignement américaine pensaient que certains des hommes arrêtés travaillaient pour les services de renseignement israéliens." Un porte-parole de l'ambassade d'Israël aux États-Unis a déclaré que les hommes n'avaient été impliqués dans aucune opération de renseignement aux États-Unis. Le FBI a finalement conclu que les cinq Israéliens n'avaient probablement aucune connaissance préalable des attentats.

Centre du commerce mondial

Les crashs d'avions et les incendies qui en ont résulté ont causé l'effondrement du World Trade Center. Les théories de la démolition contrôlée affirment que l'effondrement de la tour Nord, de la tour Sud ou du 7e World Trade Center a été causé par des explosifs installés à l'avance dans les bâtiments.

Les partisans de la théorie de la démolition, tels que Steven E. Jones, physicien de l'université Brigham Young, l'architecte Richard Gage, l'ingénieur en logiciels Jim Hoffman et le théologien David Ray Griffin, affirment que les impacts des avions et les incendies qui en ont résulté n'ont pas pu affaiblir suffisamment les bâtiments pour provoquer un effondrement catastrophique, et que les bâtiments ne se seraient pas effondrés complètement, ni à la vitesse à laquelle ils l'ont fait, sans que d'autres facteurs n'affaiblissent les structures.

Dans l'article "Active Thermotic Material Discovered in Dust from the 9/11 World Trade Center Catastrophe", paru dans le *Open Chemical Physics Journal*, les auteurs Niels Harrit du département de chimie de l'université de Copenhague, Jeffrey Farrer du département de physique et d'astronomie de l'université Brigham Young, Steven E. Jones et d'autres affirment que des composites de thermite et de nano-thermite ont été trouvés dans la poussière et les débris après l'effondrement des trois bâtiments. L'article ne contenait aucune réfutation scientifique et le rédacteur en chef de la publication a ensuite démissionné.

Jones n'a pas expliqué comment la quantité d'explosif nécessaire pour faire tomber les bâtiments aurait pu être positionnée dans les deux bâtiments sans attirer l'attention, mais il a mentionné des efforts de recherche sur l'activité d'entretien des bâtiments dans les semaines précédant l'événement. Les enquêteurs fédéraux du National Institute of Standards and Technology affirment qu'il faudrait appliquer d'énormes quantités de thermite sur les colonnes structurelles pour les endommager, mais Jones a contesté cette affirmation, déclarant que lui et d'autres enquêtaient sur la "superthermite". Brent Blanchard, auteur de "A History of Explosive Demolition in America", qui a correspondu avec Jones, affirme que des questions sur la viabilité des théories de Jones restent sans réponse, comme le fait qu'aucun démolisseur n'a remarqué de signes révélateurs de thermite pendant les huit mois d'enlèvement des débris après l'effondrement des tours. Blanchard a également déclaré qu'une chaîne de possession vérifiable doit être établie pour les poutres testées, ce qui n'a pas été le cas pour les poutres testées par Jones, ce qui soulève la question de savoir si les pièces métalliques testées auraient pu être coupées de la pile de débris avec des torches à l'acétylène, des cisailles ou d'autres équipements potentiellement contaminés sur le site, ou exposées à des traces de thermite ou d'autres composés lors de leur manipulation, de leur stockage ou de leur transfert de Ground Zero aux sites commémoratifs.

Jones a également déclaré que l'acier fondu trouvé dans les décombres était une preuve d'explosifs, car un feu d'avion ordinaire ne générerait pas assez de chaleur pour produire cela, citant des photographies de débris rouges enlevés par des équipements de construction, mais Blanchard a déclaré que s'il y avait eu de l'acier fondu dans les décombres, tout équipement d'excavation le rencontrant aurait été immédiatement endommagé. D'autres échantillonnages de la poussière pulvérisée par l'United States Geological Survey et RJ Lee n'ont signalé aucune preuve de thermite ou d'explosifs. La théorie veut que le "matériau thermite" trouvé soit de la peinture d'apprêt. Dave Thomas du magazine *Skeptical Inquirer*, notant que le résidu en question était prétendument thermotique en raison de sa composition en oxyde de fer et en aluminium, a fait remarquer que ces substances se trouvent dans de nombreux articles communs aux tours. Thomas a déclaré que pour découper une poutre d'acier verticale, il faut ajouter un confinement spécial à haute température pour empêcher le fer fondu de tomber, et que la réaction de la thermite est trop lente pour qu'elle puisse être utilisée en pratique dans la démolition de bâtiments. Thomas a souligné que lorsque Jesse Ventura a engagé New Mexico Tech pour faire une démonstration montrant la nanothermite tranchant une grande poutre d'acier, la nanothermite a produit des flammes et de la fumée abondantes mais n'a pas endommagé la poutre, même si elle était en position horizontale, et donc optimale.

Le National Institute of Standards and Technology (NIST) a conclu que la version acceptée était plus que suffisante pour expliquer l'effondrement des bâtiments. Le NIST et de nombreux scientifiques refusent de débattre avec les théoriciens de la conspiration car ils estiment que cela donnerait à ces théories une crédibilité injustifiée. Les spécialistes de la mécanique des structures et de l'ingénierie structurelle acceptent le modèle d'un effondrement des bâtiments du World Trade Center provoqué par le feu et la gravité, sans l'utilisation d'explosifs. En conséquence, le NIST a déclaré qu'il n'avait effectué aucun test pour rechercher des résidus de composés explosifs de quelque nature que ce soit dans les débris.

L'affirmation erronée selon laquelle la température de combustion du kérosène ne pouvait pas faire fondre l'acier a contribué à faire croire aux sceptiques que les tours ne se seraient pas effondrées sans intervention extérieure. L'affirmation de base est fausse, car la température de combustion du kérosène (carburéacteur) est, en fait, supérieure de plus de 500 °C au point de fusion de l'acier de construction (2093 °C *contre* moins de 1539 °C).

En outre, le NIST n'a pas affirmé que l'acier avait fondu, mais plutôt que la chaleur avait ramolli et affaibli l'acier, et que cet affaiblissement, combiné aux dommages causés par l'impact des avions, avait provoqué l'effondrement de la structure. Le NIST a rapporté qu'un modèle de simulation basé sur l'hypothèse simple que les vapeurs combustibles brûlent immédiatement après s'être mélangées à l'air entrant a montré que "à tout endroit donné, la durée des températures [des gaz] proches de 1 000 °C était d'environ 15 à 20 [minutes]. Le reste du temps, les températures calculées étaient de 500 °C ou moins".

Le Pentagone

Le militant politique Thierry Meyssan et le cinéaste Dylan Avery affirment que le vol 77 d'American Airlines ne s'est pas écrasé sur le Pentagone. Ils affirment au contraire que le Pentagone a été touché par un missile lancé par des éléments de l'intérieur du gouvernement américain. Certains affirment que les trous dans les murs du Pentagone étaient bien trop petits pour avoir été faits par un Boeing 757 : "Comment un avion de 12 m de large et de 15 m de long peut-il entrer dans un trou qui ne fait que 18 m de large ?". Le livre de

Meyssan, *L'Effroyable Imposture* (publié en anglais sous le titre *9/11 : The Big Lie*) est devenu disponible dans plus d'une douzaine de langues. Lors de sa sortie, le livre a été fortement critiqué par la presse française et américaine, et plus tard, par le mouvement pour la vérité sur le 11 septembre. Le journal français *Libération* a qualifié le livre de "tissu d'allégations sauvages et irresponsables, entièrement dénuées de fondement".

En réponse à l'affirmation des théoriciens de la conspiration selon laquelle un missile a frappé le Pentagone, Mete Sozen, professeur d'ingénierie civile à l'université de Purdue, affirme que : "Un avion à réaction qui s'écrase ne se dessine pas une silhouette de dessin animé dans un bâtiment en béton armé. Lorsque le vol 77 a heurté le Pentagone, une aile a touché le sol et l'autre a été cisaillée par les colonnes porteuses du Pentagone." Selon *ArchitectureWeek*, si le Pentagone a été relativement peu endommagé par l'impact, c'est parce que Wedge One avait été récemment rénové. (Cela faisait partie d'un programme de rénovation qui avait été lancé dans les années 1980, et Wedge One était le premier des cinq à être rénové).

Des preuves contredisant l'affirmation de certains théoriciens de la conspiration selon laquelle un missile a frappé le Pentagone ont été décrites par des chercheurs du Mouvement pour la vérité sur le 11 septembre, comme Jim Hoffman, dans son essai intitulé "The Pentagon Attack : What the Physical Evidence Shows", et par d'autres personnes réfutant largement le rôle d'autres conspirations dans les attaques. Les preuves réfutant les affirmations des missiles comprennent des débris d'avion, notamment les boîtes noires du vol 77, le cône de nez, le train d'atterrissage, un pneu d'avion et un siège de cockpit intact ont été observés sur le site du crash. Les restes des passagers du vol 77 ont bien été retrouvés sur le site du crash au Pentagone et leur identité a été confirmée par des analyses ADN. Des gouvernements étrangers, comme le ministère chinois des Affaires étrangères (FMPRC), confirment également la mort de leurs citoyens à bord du vol 77. De nombreux témoins oculaires ont vu l'avion percuter le Pentagone. De plus, les passagers du vol 77 ont passé des appels téléphoniques pour signaler que leur avion avait été détourné. Par exemple, la passagère Renee May a appelé sa mère pour lui dire que l'avion avait été détourné et que les passagers avaient été rassemblés à l'arrière de l'avion. Une autre passagère, Barbara Olson, a appelé son mari (le solliciteur général des États-Unis, Theodore Olson) pour lui dire que l'avion avait été détourné et que les pirates de l'air avaient des couteaux et des cutters. Selon certaines théories du complot, les appels téléphoniques passés par les passagers auraient été fabriqués par morphing vocal, les corps des passagers auraient été jetés et un missile aurait été tiré sur le Pentagone.

Le 15 décembre 2004, le groupe de pression Judicial Watch a déposé une demande en vertu de la loi sur la liberté d'information (Freedom of Information Act) pour obliger le gouvernement à communiquer les enregistrements vidéo du Sheraton National Hotel, de la station-service Nexcomm/Citgo, des caméras de sécurité du Pentagone et du ministère des Transports de Virginie. Le 16 mai 2006, le gouvernement a remis à Judicial Watch les vidéos des caméras de sécurité du Pentagone. L'image du vol 77 d'American Airlines qui apparaît dans les vidéos a été décrite comme " [une] tache blanche " et " une traînée blanche " (par la BBC), " un fin flou blanc " (par l'Associated Press) et " une tache argentée au ras du sol " (dans le *Washington Post*). Une séquence de cinq images tirées de l'une des vidéos était déjà apparue dans les médias en 2002. Certains théoriciens de la conspiration estiment que la nouvelle vidéo ne répond pas à leurs questions.

Vol 93

Le quatrième avion détourné le 11 septembre, le vol 93 d'United Airlines, s'est écrasé dans un champ près de Shanksville, en Pennsylvanie, après la révolte des passagers. Sur les quatre avions détournés ce jour-là, le vol 93 est le seul à ne pas avoir atteint sa cible.

L'une des théories du complot entourant cet événement consiste à affirmer que le vol 93 a été abattu par un avion de chasse américain. David Ray Griffin et Alex Jones ont affirmé que de grandes parties de l'avion, dont le corps principal du moteur, ont atterri à des kilomètres du site principal de l'épave, trop loin pour un accident d'avion ordinaire. Jones affirme que les avions laissent généralement un petit champ de débris lorsqu'ils s'écrasent, et que cela n'est pas compatible avec les rapports faisant état de débris trouvés plus loin du site principal du crash. Une personne a affirmé que le corps principal du moteur a été retrouvé à des kilomètres du lieu principal de l'accident, avec des dommages comparables à ceux qu'un missile à tête chercheuse ferait à un avion de ligne.

Selon certaines théories, l'avion a dû être abattu par le gouvernement parce que les passagers avaient découvert le prétendu complot.

Selon Phil Molé du magazine *Skeptic*, " [cette] affirmation repose en grande partie sur des affirmations non étayées selon lesquelles le corps principal du moteur et d'autres grandes parties de l'avion ont été retrouvés à des kilomètres du site principal de l'épave, trop loin pour être le résultat d'un crash ordinaire. Cette affirmation est erronée, car le moteur a été retrouvé à seulement 300 mètres du site principal du crash, et son emplacement correspondait à la direction dans laquelle l'avion s'était déplacé". Michael K. Hynes, un expert en accidents aériens qui a enquêté sur le crash du vol TWA 800 en 1996, affirme qu'à des vitesses très élevées, de l'ordre de 500 mph ou plus, il ne faudrait que quelques secondes pour se déplacer ou culbuter sur le sol sur une distance de 300 yards.

Les rapports sur les débris découverts à Indian Lake par des résidents locaux sont exacts. CNN a rapporté que les enquêteurs ont trouvé des débris du crash à au moins huit miles du lieu de l'accident, y compris à New Baltimore. Cependant, selon CNN, ces débris étaient tous des matériaux très légers que le vent aurait facilement emportés, et un article du *Pittsburgh Post-Gazette* du 14 septembre 2001 décrit les matériaux comme étant "principalement des papiers", "des brins d'isolation carbonisés", et un "chèque de paie endossé". Le même article cite l'agent du FBI Bill Crowley : "Des débris plus légers et plus petits ont probablement été projetés en l'air sous l'effet de la chaleur d'une boule de feu qui, selon des témoins, s'est élevée à plusieurs centaines de pieds dans les airs après l'écrasement de l'avion. Ensuite, ils ont probablement été emportés par un vent qui soufflait vers le sud-est à environ 9 km/h." Par ailleurs, la distance entre le lieu du crash et Indian Lake a été mal indiquée dans certains comptes rendus. Selon la BBC, "En ligne droite, Indian Lake se trouve à un peu plus d'un kilomètre du lieu du crash. La route entre les deux endroits prend un chemin détourné de 6,9 miles - ce qui explique les rapports erronés."

Certains théoriciens de la conspiration pensent qu'un petit jet blanc vu au-dessus de la zone du crash aurait tiré un missile pour abattre le vol 93. Cependant, des agences gouvernementales telles que le FBI affirment que ce petit avion était un jet d'affaires Dassault Falcon auquel on a demandé de descendre à une altitude d'environ 1 500 pieds pour étudier l'impact. Ben Sliney, qui était le responsable des opérations de la FAA le 11 septembre 2001, affirme qu'aucun avion militaire ne se trouvait à proximité du vol 93.

Certaines vidéos Internet, comme *Loose Change*, avancent l'hypothèse que le vol 93 a atterri en toute sécurité dans l'Ohio et qu'un autre avion a été impliqué dans le crash en Pennsylvanie. On cite souvent un reportage préliminaire selon lequel le vol 93 aurait atterri à l'aéroport de Cleveland ; on a appris par la suite que le vol Delta 1989 était l'avion confondu avec le vol 93, et le reportage a été rétracté car jugé inexact.

Plusieurs sites Web du mouvement pour la vérité sur le 11 septembre contestent cette affirmation, citant les débris sur les lieux, les témoignages oculaires et la difficulté de substituer secrètement un avion à un autre, et affirment que ces "théories du canular ... semblent calculées pour éloigner les survivants des victimes et le grand public du mouvement pour la vérité sur le 11 septembre". Le rédacteur de l'article a depuis écrit une réfutation de ces affirmations.

Valencia McClatchey, une femme de la région qui a pris la seule photo du champignon atomique résultant de l'impact du vol 93 quelques secondes après que celui-ci ait touché le sol, affirme avoir été harcelée au téléphone et en personne par des théoriciens de la conspiration, qui prétendent qu'elle a truqué la photo. Le FBI, les autorités du comté de Somerset, le Smithsonian et le personnel du mémorial national du vol 93 du National Park Service ont tous examiné individuellement la photographie ainsi que les négatifs du film et ces quatre organismes considèrent que la photo est authentique.

Alors que certains théoriciens de la conspiration ont affirmé que les passagers du vol 93 et/ou du vol 77 ont été assassinés ou qu'ils ont été déplacés dans l'intention de ne jamais être retrouvés, d'autres membres du Mouvement pour la vérité sur le 11 septembre, tels que Jim Hoffman et Scholars for 9/11 Truth & Justice, rejettent ces affirmations.

Pirates de l'air

Au cours de la confusion initiale qui a suivi les attentats du 11 septembre, la BBC a publié les noms et les identités de ce qu'elle pensait être certains des pirates de l'air. Certaines des personnes citées se sont révélées vivantes par la suite, un fait qui a été repris par les théoriciens de la conspiration du 11 septembre comme preuve que les détournements d'avion étaient simulés. La BBC a expliqué que la confusion initiale peut avoir été causée par le fait que les noms rapportés en 2001 étaient des noms arabes et islamiques courants. En réponse à une demande de la BBC, le FBI a déclaré qu'il était confiant d'avoir identifié les dix-neuf pirates de l'air, et qu'aucune des autres enquêtes n'avait soulevé de doute quant à leur identité. *Le New York Times* a également reconnu qu'il s'agissait de cas d'erreur d'identité.

Selon John Bradley, ancien directeur de la rédaction d'*Arab News* à Jeddah, en Arabie Saoudite, la seule information publique sur les pirates de l'air était une liste de noms publiée par le FBI le 14 septembre 2001. Lorsque le FBI a publié des photographies quatre jours après les rapports cités, le 27 septembre, les erreurs d'identité ont été rapidement résolues. Selon Bradley, "tout ceci est attribuable au chaos qui a régné pendant les premiers jours qui ont suivi l'attaque. Ce à quoi nous avons affaire, ce sont des noms identiques par coïncidence". En Arabie saoudite, dit Bradley, les noms de deux des attaquants présumés survivants, Saïd al-Ghamdi et Walid al-Shari, sont "aussi courants que John Smith aux États-Unis ou en Grande-Bretagne".

Selon Thomas Kean, président de la Commission du 11 septembre, "Seize des dix-neuf personnes n'auraient pas dû entrer aux États-Unis, de quelque manière que ce soit, parce qu'il y avait un problème avec leurs visas, un problème avec leurs passeports. Ils auraient simplement dû être arrêtés à la frontière. Il s'agissait de seize personnes sur dix-neuf. De toute évidence, si même la moitié de ces personnes avaient été arrêtées, il n'y aurait jamais eu de complot."

Khalid al Mihdhar et Nawaf al Hazmi avaient tous deux été identifiés comme des agents d'Al-Qaida par la CIA, mais cette information n'a pas été communiquée au FBI ou au service de l'immigration des États-Unis, de sorte que les deux hommes ont pu entrer légalement aux États-Unis pour préparer les attentats du 11 septembre.

Gouvernements étrangers

Selon certaines allégations, des membres de l'Inter-Services Intelligence (ISI) pakistanais auraient joué un rôle important dans le financement des attentats. Certains affirment également que d'autres services de renseignement étrangers, tels que le Mossad israélien, avaient connaissance des attentats et que l'Arabie saoudite aurait joué un rôle dans leur financement. Le général Hamid Gul, ancien chef de l'ISI, pense que les attentats étaient un "travail de l'intérieur" provenant des États-Unis, perpétré par Israël ou des néo-conservateurs. Francesco Cossiga, ancien président de l'Italie de 1985 jusqu'à sa démission en 1992 à cause de l'opération Gladio, a déclaré qu'il était de notoriété publique au sein du centre-gauche italien que les attentats du 11 septembre étaient une opération conjointe de la CIA et du Mossad. Des rapports ultérieurs ont indiqué qu'il ne le croyait pas vraiment.

Israël

Selon une théorie du complot documentée par la Ligue anti-diffamation, Thom Burnett et d'autres, l'État d'Israël serait impliqué dans les attentats et pourrait les avoir planifiés. Divers motifs sont avancés, notamment : amener les États-Unis à attaquer les ennemis d'Israël ; détourner l'attention du public du traitement des Palestiniens par Israël ; aider les sionistes à prendre le contrôle des affaires mondiales ; et persuader les Américains de soutenir Israël. Des variantes de cette théorie prétendent que l'attaque a été organisée par Ariel Sharon, le Mossad ou le gouvernement d'Israël. Kevin Barrett, ancien maître de conférences à l'université du Wisconsin, est, selon le site Web *Slate*, "l'un des principaux défenseurs des théories selon lesquelles le Mossad d'Israël aurait orchestré les attentats du 11 septembre".

Certains partisans de cette théorie pensent que les employés juifs ont été avertis par les services secrets israéliens de ne pas travailler le 11 septembre, ce qui a permis d'éviter la mort de Juifs au World Trade Center. Selon Cinnamon Stillwell, certains théoriciens de la conspiration du 11 septembre avancent le chiffre de 4 000 Juifs ayant séché le travail. Cette information a été rapportée pour la première fois le 17 septembre par la chaîne de télévision par satellite Al-Manar, appartenant au Hezbollah libanais, et serait basée sur l'édition du 12 septembre du *Jerusalem Post*, qui déclarait : "Le ministère des Affaires étrangères à Jérusalem a reçu jusqu'à présent les noms de 4 000 Israéliens qui auraient été dans les zones du World Trade Center et du Pentagone au moment des attaques."

Le nombre de Juifs qui ont péri dans les attentats est estimé, selon les sources, entre 270 et 400. Le chiffre le plus bas correspond au pourcentage de Juifs vivant dans la région de New York et aux enquêtes partielles sur la religion des victimes. Le département d'État américain a publié une liste partielle de 76 personnes en réponse aux affirmations selon lesquelles le nombre de Juifs/Israéliens morts dans les attaques du WTC était inférieur à celui qui aurait dû être présent à ce moment-là. Cinq citoyens israéliens sont morts dans l'attaque.

L'antisémitisme dans les théories du complot

En 2003, l'Anti-Defamation League (ADL) a publié un rapport attaquant les "théories de conspiration haineuses" selon lesquelles les attentats du 11 septembre auraient été perpétrés par des Israéliens et des Juifs, affirmant qu'elles pouvaient "rationaliser et alimenter l'antisémitisme mondial". Il a constaté que ces théories étaient largement acceptées dans le monde arabe et musulman, ainsi qu'en Europe et aux États-Unis.

Le rapport de l'ADL constate que "le Grand Mensonge a uni les extrémistes d'extrême droite et les suprémacistes blancs américains à des éléments du monde arabe et musulman". Il affirme que nombre de ces théories sont des manifestations modernes des *Protocoles des Sages de Sion* du 19e siècle, qui prétendaient tracer les grandes lignes d'une conspiration juive pour la domination du monde. L'ADL a caractérisé le site Web de Jeff Rense comme contenant des documents antisémites, tels que "les Juifs américains ont mis en scène les attaques terroristes du 11 septembre pour leur propre gain financier et pour inciter le peuple américain à approuver les guerres d'agression et de génocide contre les nations du Moyen-Orient et le vol de leurs ressources au profit d'Israël".

Pedro A. Sanjuan, ancien diplomate des Nations unies, a affirmé que les théories antisémites du complot du 11 septembre étaient très répandues à des niveaux élevés de l'organisation après les attentats.

Arabie Saoudite

Les journalistes d'investigation britanniques Anthony Summers et Robbyn Swan ont affirmé dans leur livre *The Eleventh Day (*2011) que la famille royale saoudienne a apporté un soutien matériel et financier aux pirates de l'air et que l'administration Bush a couvert ce fait ainsi que sa propre incompétence présumée. Les auteurs affirment que le mouvement pour la vérité sur le 11 septembre a contribué à cette dissimulation en détournant l'attention de ces actions. En septembre 2011, un "syndicat d'assurance Lloyd's" a entamé une action en justice contre l'Arabie saoudite pour exiger le remboursement des 136 millions de livres sterling qu'elle a versées aux victimes des attentats du 11 septembre. Un certain nombre d'organisations caritatives et de banques saoudiennes de premier plan, ainsi qu'un membre éminent de la famille royale al-Saoud, ont été accusés d'être des "agents et alter ego" de l'État saoudien qui finançait "sciemment" Al-Qaïda et encourageait le sentiment anti-occidental.

Ces théories ont historiquement tourné autour du contenu putatif des 28 pages du rapport de 2002 de l'enquête conjointe du Congrès américain, dont la publication n'a pas été autorisée jusqu'au 15 juillet 2016.

L'ancien sénateur de Floride Bob Graham, co-président de la commission d'enquête conjointe, ainsi que d'autres anciens responsables qui ont lu la version intégrale du rapport de la commission d'enquête conjointe, encore partiellement classifiée, estiment que le gouvernement américain dissimule l'aide substantielle apportée par des responsables du gouvernement saoudien aux auteurs de l'attentat du 11 septembre, notamment le rôle de Fahad al-Thumairy, diplomate au consulat saoudien de Los Angeles.

Théorie de l'absence de plan

L'ancien économiste en chef du ministère du Travail sous l'administration Bush, Morgan Reynolds, soutient qu'aucun avion n'a été utilisé lors des attentats. Reynolds affirme qu'il est physiquement impossible que les Boeing des vols 11 et 175 aient pu pénétrer dans les charpentes métalliques des tours, et que le compositing numérique a été utilisé pour représenter les crashs d'avions à la fois dans les reportages et dans les vidéos amateurs ultérieures. "Il n'y avait pas d'avions, il n'y avait pas de pirates de l'air", insiste Reynolds. "Je sais, je sais, je suis en dehors du courant dominant, mais c'est comme ça". Selon David Shayler, "la seule explication est qu'il s'agissait de missiles entourés d'hologrammes conçus pour ressembler à des avions", ce qui dépasserait largement les capacités de la technologie contemporaine des hologrammes. "Regardez la séquence image par image et vous verrez un missile en forme de cigare frapper le World Trade Center". La plupart des partisans de l'interdiction des avions, y compris Thierry Meyssan et Reynolds, affirment que des images de synthèse d'un avion de ligne ont été superposées à un missile de croisière ailé ou à un avion militaire, ou que des images générées par ordinateur d'un avion de ligne ont été insérées dans les séquences vidéo et que des découpes d'explosifs en forme d'avion ont été placées dans les bâtiments pour donner l'impression d'un impact d'avion. Certains vétérans du mouvement pour la vérité ont réfuté à plusieurs reprises les allégations de "non-avion". En fait, les discussions sur les théories de l'absence d'avion ont été interdites sur certains sites Web consacrés à la théorie de la conspiration et les défenseurs de cette théorie ont parfois été menacés de violence par les auteurs d'autres sites Web consacrés à cette théorie.

Allégations de dissimulation

Enregistreurs de cockpit

Selon le rapport de la Commission du 11 septembre, les deux boîtes noires du vol 77 et les deux boîtes noires du vol 93 ont été récupérées. Cependant, le CVR du vol 77 était trop endommagé pour fournir des données. Le 18 avril 2002, le FBI a autorisé les familles des victimes du vol 93 à écouter les enregistrements vocaux. En avril 2006, une transcription du CVR a été publiée dans le cadre du procès de Zacarias Moussaoui.

Deux hommes, Michael Bellone et Nicholas DeMasi, qui ont beaucoup travaillé dans les décombres du World Trade Center, ont déclaré dans le livre *Behind-The-Scenes : Ground Zero* qu'ils ont aidé les agents fédéraux à trouver trois des quatre "boîtes noires" des avions de ligne :

À un moment donné, j'ai été chargé d'emmener des agents fédéraux autour du site pour rechercher les boîtes noires des avions. Nous nous préparions à sortir. Mon VTT était garé en haut des escaliers de l'entrée de Brooks Brothers. Nous avons chargé environ un million de dollars d'équipement et l'avons attaché dans le VTT. Il y avait un total de quatre boîtes noires. On en a trouvé trois.

Les enregistrements de Ben Laden

Dans les années qui ont suivi les attentats du 11 septembre 2001, une série d'interviews, d'enregistrements audio et vidéo ont été publiés, qui auraient été réalisés par Oussama ben Laden. Dans la première d'entre elles, celui-ci a nié toute responsabilité dans les attentats. Le 17 septembre 2001, dans une déclaration faite à Al Jazeera, Ben Laden aurait dit : "Le gouvernement américain m'a toujours accusé d'être derrière chaque occasion où ses ennemis l'attaquent. Je tiens à assurer au monde que je n'ai pas planifié les récentes attaques, qui semblent avoir été planifiées par des personnes pour des raisons personnelles."

Dans un enregistrement publié en décembre 2001, connu sous le nom de "bande de Jalalabad", le locuteur est censé avoir eu connaissance des attentats. La Central Intelligence Agency a affirmé que l'enregistrement provenait probablement d'Oussama ben Laden. Certains observateurs, notamment dans le monde musulman, doutent de l'authenticité de l'enregistrement. Le 20 décembre 2001, la chaîne de télévision allemande "Das Erste" a diffusé une analyse de la traduction de la cassette vidéo par la Maison Blanche. Dans l'émission *Monitor*, deux traducteurs indépendants et un expert en études orientales ont estimé que la traduction de la Maison Blanche était à la fois inexacte et manipulatrice, déclarant que "aux endroits les plus importants où elle est tenue pour prouver la culpabilité de Ben Laden, elle n'est pas identique à l'arabe", et que les mots utilisés qui indiquent la prescience ne peuvent pas du tout être entendus dans l'original. Gernot Rotter, professeur d'études islamiques et arabes à l'Institut Asie-Afrique de l'Université de Hambourg, a déclaré : "Les traducteurs américains qui ont écouté les bandes et les ont transcrites ont apparemment écrit beaucoup de choses qu'ils voulaient entendre, mais qui ne peuvent pas être entendues sur la bande, quel que soit le nombre de fois que vous l'écoutez."Certains membres de l'association Scholars for 9/11 Truth pensent que l'homme filmé n'est pas du tout Oussama Ben Laden, en raison de différences de poids et de traits du visage, du port d'une bague en or, interdit par la loi musulmane, et de l'écriture de la main droite alors que Ben Laden était gaucher.

Dans un enregistrement audio publié en novembre 2007, Ben Laden a revendiqué la responsabilité des attentats et a nié que les Talibans et le gouvernement ou le peuple afghan aient eu connaissance des attentats. Dans une interview accordée à Al-Jazira, Khalid Sheikh Mohammed et Ramzi bin al-Shibh, deux des cerveaux présumés d'Al-Qaida, ont également avoué leur participation aux attentats.

Cacher les efforts de recrutement de la CIA

Richard Clarke, qui a dirigé les efforts antiterroristes du gouvernement en 2001, a émis l'hypothèse que le directeur de la CIA, George Tenet, a ordonné à l'agence de ne pas divulguer au reste du gouvernement des informations sur Nawaf al-Hazmi et Khalid al-Mihdhar dans le but de dissimuler le recrutement de ces deux personnes par l'agence. George Tenet a publié une déclaration dans laquelle il dément que l'agence ait délibérément dissimulé des informations sur les deux hommes, et a fait remarquer que Clarke lui-même a déclaré qu'il n'avait aucune preuve.

Motifs

Pax Americana

En septembre 2000, le Project for a New American Century (PNAC) a publié un traité stratégique intitulé *Rebuilding America's Defences*. Le Defense Planning Guidance de 1992 a été rédigé par Paul Wolfowitz pour le compte de Dick Cheney, alors secrétaire à la défense. Andrew Bacevich l'a décrit comme "un projet d'hégémonie mondiale américaine permanente" dans son livre *American Empire : The Realities and Consequences of U.S. Diplomacy*.

Matt Taibbi a affirmé dans son livre *The Great Derangement* que les théoriciens du complot ont pris ce qui est écrit dans le document "complètement hors contexte", et que la "transformation" mentionnée dans le document est explicitement décrite comme un processus de plusieurs décennies visant à transformer l'armée de l'époque de la guerre froide en une "nouvelle armée moderne" capable de gérer des conflits plus localisés. Selon lui, pour que cela constitue une preuve de mobile, soit les responsables auraient décidé d'exposer ouvertement leurs objectifs, soit ils auraient lu le document en 2000 et auraient rapidement jeté les bases des attentats du 11 septembre en s'en inspirant.

Invasions

Les théoriciens du complot se demandent si le *facteur pétrole* et le 11 septembre ont fourni aux États-Unis et au Royaume-Uni une raison de lancer une guerre qu'ils souhaitaient depuis un certain temps, et suggèrent que cela leur donne un motif puissant pour mener les attaques ou les laisser se produire. Par exemple, Andreas von Bülow, ancien ministre de la recherche du gouvernement allemand, a affirmé que le 11 septembre avait été mis en scène pour justifier les guerres ultérieures en Afghanistan et en Irak. L'ancien premier ministre malaisien Mahathir Mohamad aurait déclaré qu'il existe des "preuves solides" que les attentats ont été simulés afin que les États-Unis puissent entrer en guerre contre les musulmans. Malgré ces allégations, l'administration Bush a spécifiquement rejeté les propositions d'attaquer immédiatement l'Irak en réponse au 11 septembre et a reconnu qu'il n'y avait aucune preuve de l'implication de l'Irak dans les attentats.

Nouvel ordre mondial

Alex Jones et d'autres personnalités soutiennent que le 11 septembre a été initié par une variété disparate d'intérêts bancaires, corporatifs, militaires et de mondialisation dans le but de créer un gouvernement mondialiste. Ces théories de conspiration du Nouvel Ordre Mondial sont antérieures au 11 septembre.

Précédents historiques suggérés

Les théoriciens du complot considèrent souvent l'opération Northwoods comme un modèle pour les attentats du 11 septembre 2001, estimant que ces derniers ont été perpétrés par le gouvernement américain dans le cadre d'une opération sous faux drapeau, puis imputés aux extrémistes islamiques. L'opération Northwoods était un plan non mis en œuvre, apparemment rejeté, approuvé par les chefs d'état-major interarmées des États-Unis en 1962. L'une des propositions du plan suggérait que des agents secrets commettent de multiples actes de terrorisme dans des villes américaines et accusent Cuba, fournissant ainsi un prétexte pour une invasion.

Le magazine *Time* a opposé les événements qui ont inspiré les théories du complot du passé à ceux qui inspirent les théories du complot du 11 septembre, comme l'assassinat de John F. Kennedy. Le *Time* a qualifié l'assassinat public de Kennedy d'"affaire privée et intime" lorsqu'on le compare à l'attaque du World Trade Center, à laquelle des millions de personnes ont assisté et qui a été documentée par des centaines de vidéastes ; et il a déclaré : "Il n'existe aucun événement si clair et net qu'un être humain déterminé ne puisse y trouver une ambiguïté."

Partisans

De nombreuses personnes et organisations qui soutiennent ou discutent des théories du complot du 11 septembre se considèrent comme faisant partie du mouvement pour la vérité sur le 11 septembre.

Cynthia McKinney, les acteurs Daniel Sunjata, Ed Asner et Charlie Sheen, le professeur de sciences politiques Joseph Diaferia et le journaliste Thierry Meyssan. Les adeptes du mouvement pour la vérité sur le 11 septembre proviennent de divers milieux sociaux. Le mouvement attire des adhérents de diverses convictions politiques, notamment des libéraux, des conservateurs et des libertaires. L'Anti-Defamation League a désigné Alan Sabrosky comme une figure clé des théories antisémites de la conspiration du 11 septembre.

Parmi les organisations qui discutent et promeuvent activement ces théories, citons Architects & Engineers for 9/11 Truth, un groupe qui se concentre sur l'effondrement des bâtiments du World Trade Center ; 9/11 Truth, fondé en 2004 ; Scholars for 9/11 Truth, fondé en 2005, et Scholars for 9/11 Truth & Justice, un groupe qui s'est séparé de Scholars for 9/11 Truth en 2007 et qui dirige la publication en ligne *Journal of 9/11 Studies* ; 9/11 Citizens Watch, qui avait déjà été formé en 2002 ; et le Hispanic Victims Group. Plusieurs de ces groupes ont recueilli des signatures sur des pétitions demandant une enquête plus approfondie sur les attentats du 11 septembre.

En 2004, John Buchanan s'est présenté aux élections présidentielles sur la base d'une plateforme "vérité sur le 11 septembre".

Jonathan Kay, critique de la théorie du complot du 11 septembre, affirme que, pour la plupart, les partisans ne cherchent pas à obtenir des gains financiers et que, dans certains cas, ils ont quitté des carrières lucratives pour devenir des militants.

Les Dr Michael Wood et Karen Douglas, psychologues de l'université du Kent spécialisés dans les théories du complot, ont examiné les sections de commentaires de plus de 2000 articles de presse relatifs à l'effondrement du World Trade Center 7. Ils ont constaté que les partisans des théories de la conspiration du 11 septembre étaient plus enclins à essayer de démystifier le récit principal qu'à promouvoir leurs propres théories et qu'ils étaient également plus enclins à croire à d'autres théories de la conspiration. Les partisans de la version traditionnelle avaient tendance à défendre cette version et faisaient preuve d'une plus grande hostilité envers les partisans de la théorie de la conspiration.

Disséquer la communauté du mouvement pour la vérité sur le 11/9

Selon une analyse réalisée en 2011 dans un article du *Skeptical Inquirer*, les personnes impliquées dans ce mouvement, qui semble être un groupe disparate aux antécédents très diversifiés, pourraient être classées en trois groupes. Ils rejoignent le mouvement pour des raisons différentes, s'assemblent de manière lâche pour remplir différents rôles et sont unis par leur méfiance commune à l'égard des experts et de l'establishment (gouvernement et sources de connaissances réputées), et leur position conspirationniste. Par leur engagement, ils trouvent chacun leur propre épanouissement et satisfaction. Ensemble, ils contribuent à la persistance, à la résilience et aux revendications exagérées d'acceptation (dans le grand public) du mouvement. Ces trois groupes sont :

- Noyau dur : Les organisateurs et les membres actifs des diverses organisations du Mouvement pour la vérité sur le 11 septembre. Ils produisent l'information, repèrent les anomalies et les incohérences techniques, fournissent la base technique et forment les théories. Bien qu'ils prétendent ne s'intéresser qu'aux faits et utiliser la méthode scientifique, ils commettent l'erreur logique du "biais de confirmation" en prédéterminant le résultat, puis en recherchant des preuves corroborantes tout en ignorant le vaste corpus de recherches consensuelles, indépendantes et évaluées par des pairs qui contredisent leurs théories. Ils fournissent la structure physique du mouvement en organisant des événements, des séminaires, des discussions, des marches et en distribuant des dépliants et des brochures. Leur nombre est relativement faible mais ils sont très soudés et très connectés. Leur vision du monde favorise la "super-conspiration", un plan directeur qui se cache derrière les conspirations qu'ils croient découvrir.

- Tournés vers la critique : Il s'agit des jeunes étudiants et des militants politiques dont l'affiliation au Mouvement pour la vérité sur le 11 septembre découle souvent de leur mécontentement et de leur colère à l'égard de l'ordre politique et social établi. Leur sens de la justice et leur idéalisme les poussent à militer contre l'oppression et l'injustice sociale perçues. Leur penchant pour l'utilisation d'Internet, en particulier les médias sociaux, et leurs connaissances technologiques en font la machine de propagande du mouvement. Ils produisent des vidéos YouTube et des films au contenu cool et contre-culturel, font bon usage de la parodie de la culture pop et de graphiques accrocheurs. La crédibilité contre-culturelle de leurs productions leur confère un large attrait et une exposition à des millions de personnes.

- Illiterati : Ils constituent l'épine dorsale du mouvement, un groupe important et diffus qui donne au mouvement des prétentions exagérées de popularité et d'influence. Pour ce groupe de personnes, la participation au mouvement pour la vérité sur le 11 septembre est autant une quête sociale et récréative que la recherche de la vérité. Leur participation se fait principalement par le biais des réseaux sociaux du web 2.0 et de YouTube. Leurs commentaires sont souvent émotionnels et ils ne prétendent pas être exacts, équilibrés ou montrer une véritable intention de trouver la vérité. La participation à un mouvement qui correspond à leur vision du monde leur donne un sentiment d'identité et d'appartenance, qu'ils trouvent plus attrayant que les faits et les preuves de l'attaque terroriste du 11 septembre.

Réaction des médias

Bien que la discussion et la couverture de ces théories soient principalement confinées aux pages Internet, aux livres, aux films documentaires et aux conversations, un certain nombre de médias grand public dans le monde ont couvert la question.

La version norvégienne du *Monde diplomatique* de juillet 2006 a suscité l'intérêt lorsqu'elle a publié, de sa propre initiative, un article principal de trois pages sur les attaques du 11 septembre et a résumé les différents types de théories du complot du 11 septembre (qui n'étaient pas spécifiquement approuvées par le journal, mais seulement recensées). En décembre 2006, la version française a publié un article d'Alexander Cockburn, co-rédacteur en chef de *CounterPunch*, qui a fortement critiqué la prétendue approbation des théories du complot par la gauche américaine, affirmant que c'était un signe de "vide théorique".

De plus, sur le site Web canadien de *CBC News : The Fifth Estate*, une émission intitulée "Conspiracy Theories : uncovering the facts behind the myths of Sept. 11, 2001" a été diffusée le 29 octobre 2003, indiquant que ce qu'ils ont trouvé pourrait être plus surprenant que toutes les théories. Le 27 novembre 2009, *The Fifth Estate* a diffusé un documentaire intitulé *The Unofficial Story* dans lequel plusieurs membres éminents du 9/11 Truth Movement ont présenté leurs arguments.

Dans un article paru dans l'édition du 11 septembre 2006 du magazine *Time*, on peut lire que les principales théories du complot du 11 septembre "reposent sur des preuves circonstancielles, des faits sans analyse ni documentation, des citations sorties de leur contexte et les témoignages épars de témoins oculaires traumatisés", et qu'elles jouissent d'une popularité continue parce que "l'idée qu'une force malveillante orchestre les événements mondiaux est, d'une manière perverse, réconfortante". Il conclut que "les théories du complot font partie du processus par lequel les Américains gèrent les événements publics traumatisants" et constituent "une forme américaine de deuil national".

Le journal australien *The Daily Telegraph* a publié un article intitulé "La CIA n'aurait pas pu organiser cela...", dans lequel on pouvait lire : "Les personnes qui sèment la pagaille en Irak n'ont jamais été assez intelligentes ou sournoises pour organiser un assaut complexe contre deux tours étroites d'acier et de verre" et "s'il y a un complot infâme dans toute cette mauvaise planification, il a été improvisé par une confédération de cancres". Cet article s'en prenait principalement à un groupe de scientifiques dirigé par le professeur Steven E. Jones, désormais appelé Scholars for 9/11 Truth and Justice. Ils ont déclaré que "la plupart d'entre eux ne sont pas des scientifiques mais des instructeurs ... dans des collèges de second ordre".

Le Daily Telegraph a également publié en mai 2007 un article très critique à l'égard de Loose Change 2, un film qui présente une théorie de la conspiration du 11 septembre.

Dans une chronique publiée en mai 2008 dans The Arizona Republic, Doug MacEachern a écrit que si de nombreux "vérificateurs du 11 septembre" ne sont pas des cinglés qui épousent des "théories de conspiration cinglées", les partisans de ces théories ne tiennent pas compte de la nature humaine et du fait que personne n'a affirmé avoir participé aux prétendues conspirations. Ce point de vue a été soutenu par Timothy Giannuzzi, chroniqueur d'opinion au Calgary Herald, spécialisé dans la politique étrangère.

Le 7 juin 2008, le Financial Times a publié un long article sur le Mouvement pour la vérité sur le 11 septembre et les théories de la conspiration sur le 11 septembre.

Dans une chronique publiée en juillet 2008 par le Guardian dans le cadre de sa série "Comment is free", Charlie Brooker, humoriste et personnalité multimédia britannique, a reconnu que les théoriciens de la conspiration du 11 septembre ne tiennent pas compte des erreurs humaines et a ajouté que le fait de croire en ces théories donne aux théoriciens le sentiment d'appartenir à une communauté qui partage des informations privilégiées, ce qui leur donne un sentiment de pouvoir illusoire. Ce commentaire a suscité plus de 1 700 réponses en ligne, soit le plus grand nombre de réponses dans l'histoire de la série. Dans un article publié en septembre 2009, le Guardian s'est montré plus favorable aux théories de la conspiration du 11 septembre, en demandant : "Quand est-il devenu peu cool de poser des questions ? Quand les questionneurs sont-ils devenus des imbéciles ?"

Le 12 septembre 2008, la télévision d'État russe a diffusé en prime time un documentaire réalisé par le membre du Parlement européen Giulietto Chiesa intitulé Zero, sympathique à ceux qui remettent en cause le récit accepté des attentats selon Chiesa. Selon Thierry Meyssan, en même temps que le documentaire, la télévision d'État russe a diffusé un débat sur le sujet. Le panel était composé de membres de plusieurs pays, dont 12 Russes, qui avaient des opinions divergentes. La raison pour laquelle la télévision d'État russe a diffusé ce documentaire a été remise en question par un commentateur de *L'Autre Russie,* qui a fait remarquer que la télévision d'État russe avait l'habitude de diffuser des émissions sur les théories du complot impliquant le gouvernement des États-Unis.

Nasir Mahmood, dans un commentaire publié par le *Pakistan Observer*, a parlé en termes favorables d'un festival de conférences et de films sur la vérité du 11 septembre qui s'est tenu en Californie. Il a cité un orateur juif qui a déclaré qu'aucun des 19 pirates de l'air présumés n'avait été prouvé coupable de quoi que ce soit et a comparé le racisme à l'encontre des musulmans résultant de ce qu'il appelle de fausses accusations au racisme à l'encontre des Juifs à l'époque nazie.

Le 10 novembre 2008, ITN a diffusé un reportage résumant les différentes théories du complot du 11 septembre.

L'émergence du mouvement birther en 2009 a donné lieu à des comparaisons entre ce mouvement et le mouvement 9/11 Truth, les deux mouvements étant perçus de manière très négative. Les théories du complot de l'alunissage ont également été comparées aux théories du birther et du 11 septembre. James Borne, un journaliste du *New York Times* qui a couvert les attentats du 11 septembre, a décrit sa mission de couverture d'une réunion sur la vérité du 11 septembre comme étant "peut-être la mission la plus effrayante sur le plan intellectuel que j'aie eue ces dernières années".

Le 31 août 2009, la chaîne National Geographic a diffusé l'émission *9/11 Science and Conspiracy*, dans laquelle le Energetic Materials Research and Testing Center a testé certaines des affirmations fréquemment faites par ceux qui remettent en question le récit accepté du 11 septembre. Plus précisément, les expériences ont conclu que la combustion de kérosène peut à elle seule élever suffisamment la température d'une colonne de soutien en acier pour provoquer une défaillance structurelle, qu'une démolition contrôlée utilisant des techniques conventionnelles laisserait des preuves évidentes qui n'ont pas été trouvées à Ground Zero, que l'utilisation de thermite n'est pas une technique efficace pour faire fondre une colonne en acier, et que même si des signatures chimiques de thermite étaient trouvées, il serait impossible de dire si de la thermite a réellement été utilisée ou si les traces proviennent de la réaction de l'aluminium de l'avion avec d'autres substances dans le feu. Les tests ont également conclu que le type de trou trouvé au Pentagone était conforme au scénario standard, et que les dommages causés par une attaque à la bombe ou au missile seraient différents de ceux qui se sont produits. Dans l'émission, plusieurs éminents théoriciens de la conspiration du 11 septembre ont visionné des montages grossiers des expériences et ont exprimé leur désaccord avec les résultats.

Le magazine britannique d'extrême gauche *New Statesman* a classé David Ray Griffin au 41e rang des personnalités les plus importantes d'aujourd'hui. Le magazine a déclaré que les "livres de Griffin sur le sujet lui ont donné un lustre de respectabilité qui plaît aux personnes aux plus hauts niveaux du gouvernement". La publication a classé les théories de la conspiration du 11 septembre comme "l'un des mythes mondiaux les plus pernicieux". Le livre de Griffin, *The New Pearl Harbor Revisited,* a été choisi par Publishers Weekly comme "Pick of the Week" en novembre 2008.

La télévision publique de Denver KBDI-TV a diffusé à plusieurs reprises des documentaires sur la vérité du 11 septembre. Le porte-parole de la chaîne a affirmé que la diffusion de ces documentaires a été un atout pour les efforts de collecte de fonds de la chaîne.

Glenn Beck, animateur de télévision et de radio, a déclaré à propos de ces allégations : "Il y a des limites à l'avilissement de ce pays, n'est-ce pas ? Je veux dire, c'est une chose de croire que nos politiciens sont capables d'être Bernie Madoff. C'en est une autre de penser qu'ils sont prêts à tuer 3 000 Américains. Une fois que vous avez franchi cette ligne, vous êtes dans un tout autre territoire."

En mars 2010, le *Washington Post a* fait un éditorial contre Yukihisa Fujita, un éminent politicien japonais qui a épousé les théories du complot du 11 septembre. Il décrit Fujita comme un homme "susceptible de se laisser aller à l'imagination de la frange lunatique". Il a ajouté que l'alliance entre les États-Unis et le Japon serait "mise à rude épreuve" si le parti de Fujita continuait à tolérer ce genre de commentaires.

Pour le neuvième anniversaire des attentats, le quotidien égyptien *Al-masry Al-youm a* publié un article mettant en doute la version du gouvernement américain et encourageant les théories du complot. L'analyste principal du centre semi-officiel Al-Ahram pour les études politiques et stratégiques et membre du Parlement issu des Frères musulmans y était cité.

Gordon Farrer, rédacteur en chef de la section technologie *du journal The Age*, a émis l'hypothèse, dans un article publié en novembre 2010 dans le *Sydney Morning Herald*, que la popularité des théories du complot du 11 septembre était le résultat de deux facteurs principaux. Le premier concerne les traits de personnalité des théoriciens eux-mêmes (cyniques, anxieux, convaincus d'être des libres penseurs). Le second est lié à l'importance du classement des recherches sur Internet des théories du complot du 11 septembre, ce qui leur confère un faux air d'autorité. En parlant des théoriciens. Farrer a écrit que "lorsque les politiciens et les médias ne leur donnent pas la parole, ils se sentent plus menacés, plus soupçonneux, coincés, impuissants ; et donc ils passent à l'attaque".

Geraldo Rivera, l'animateur de *Geraldo at Large*, un magazine d'information de la chaîne Fox News, s'est montré ouvert aux affirmations qui remettent en cause les causes de l'effondrement du 7 World Trade Center. Andrew Napolitano, analyste juridique pour Fox News et ancien juge à la Cour supérieure du New Jersey, a exprimé son soutien au scepticisme concernant l'effondrement du gratte-ciel, et à l'enquête de Rivera sur cet événement.

Le programme radio syndiqué d'Alex Jones a été abandonné par 70 stations de radio lorsqu'il a commencé à épouser les théories du complot du 11 septembre. Le 29 août 2010, BBC Two a diffusé une émission intitulée *The Conspiracy Files : 9/11 - Ten Years On*.

Le 5 septembre 2011, *The Guardian a* publié un article intitulé "9/11 conspiracy theories debunked". L'article note que, contrairement à l'effondrement des World Trade Centers 1 et 2, une démolition contrôlée fait s'effondrer un bâtiment par le bas et explique que les fenêtres ont éclaté à cause de l'effondrement des étages. L'article indique également que certaines théories du complot prétendent que le 7e World Trade Center a également été détruit par une démolition contrôlée, que le Pentagone a été frappé par un missile, que les avions détournés étaient bourrés d'explosifs et pilotés par télécommande, qu'Israël était derrière les attaques, qu'un avion se dirigeant vers le Pentagone a été abattu par un missile, qu'il y a eu des délits d'initiés par des personnes qui avaient connaissance des attaques, tout cela est faux.

Toure Neblett, qui a tweeté ses soupçons sur l'attaque du Pentagone, est l'un des animateurs de l'émission *The Cycle de* MSNBC, qui a débuté le 25 juin 2012.

Critique

Les critiques de ces théories du complot affirment qu'il s'agit d'une forme de conspirationnisme courante dans l'histoire après un événement traumatisant dans lequel les théories du complot émergent comme une forme mythique d'explication. Une critique connexe porte sur la forme de recherche sur laquelle les théories sont fondées. Thomas W. Eagar, professeur d'ingénierie au MIT, a suggéré qu'ils "utilisent la 'méthode scientifique inversée'. Ils déterminent ce qui s'est passé, rejettent toutes les données qui ne correspondent pas à leur conclusion, puis présentent leurs résultats comme la seule conclusion possible". Les critiques d'Eagar illustrent également une position commune selon laquelle il vaut mieux ignorer les théories. "J'ai dit aux gens que si l'argument devient trop grand public, je m'engagerai dans le débat". Selon lui, cela s'est produit lorsque Steve Jones, professeur de physique à l'université Brigham Young, a abordé la question.

Michael Shermer, écrivant dans *Scientific American*, a déclaré : "La croyance erronée selon laquelle une poignée d'anomalies inexpliquées peuvent miner une théorie bien établie est au cœur de toute pensée conspirationniste. Toutes les preuves d'une conspiration du 11 septembre relèvent de ce sophisme. De telles notions sont facilement réfutées en notant que les théories scientifiques ne sont pas construites sur des faits isolés, mais sur une convergence de preuves rassemblées à partir de multiples pistes de recherche."

Scientific American, *Popular Mechanics* et *The Skeptic's Dictionary* ont publié des articles qui réfutent diverses théories de conspiration sur le 11 septembre. *Popular Mechanics* a publié un livre intitulé *Debunking 9/11 Myths* qui développe les recherches présentées dans l'article. Dans la préface du livre, le sénateur John McCain a écrit que le fait de rendre le gouvernement américain responsable des événements "entache la mémoire de tous ceux qui ont perdu la vie ce jour-là" et "exploite la colère et la tristesse du public. Cela ébranle la confiance des Américains dans leur gouvernement à un moment où cette confiance est déjà au plus bas. Il se livre à des accusations laides et infondées de mal extraordinaire contre des concitoyens américains." *Der Spiegel a* rejeté les théories de la conspiration du 11 septembre comme une "panoplie de l'absurde", déclarant que "aussi diverses que soient ces théories et leurs adhérents, ils partagent un schéma de pensée de base : les grandes tragédies doivent avoir de grandes raisons."

Dans son livre *The Great Derangement*, le journaliste Matt Taibbi présente les théories du complot du 11 septembre comme symptomatiques de ce qu'il appelle le "dérangement" de la société américaine, une déconnexion de la réalité due à un "dégoût généralisé de notre système politique". Faisant un parallèle avec le mouvement charismatique, il affirme que tous deux "ont choisi de combattre des bêtes de somme complètement idiotes, fantaisistes et imaginaires", au lieu de prendre le contrôle de leur propre vie. Bien que critique, Taibbi explique que les théories du complot du 11 septembre sont différentes de la "paranoïa de l'hélicoptère noir de l'ère Clinton", et constituent plus qu'"un petit groupe éparpillé de cinglés [...] ils étaient vraiment, comme ils le prétendent, presque tous ceux que vous rencontrez".

David Aaronovitch, chroniqueur au *Times*, dans son livre intitulé *Voodoo Histories : The Role of the Conspiracy Theory in Shaping Modern History*, publié en mai 2009, il affirme que ces théories sont difficiles à croire. Il accuse les théoriciens du complot du 11 septembre d'avoir exagéré l'expertise de ceux qui soutiennent leurs théories et affirme que les théoriciens du complot du 11 septembre, dont David Ray Griffin, se citent mutuellement. Il affirme également que la popularité des théories du complot du 11 septembre a nui à la guerre contre le terrorisme. Selon Aaronovitch, étant donné qu'une partie importante des Pakistanais instruits croient que George W. Bush a fait tomber les tours, il est difficile de traiter avec les Talibans "car ils ne croient pas aux prémisses fondamentales sur lesquelles la guerre contre le terrorisme a été menée".

Cass Sunstein, professeur de droit à Harvard, est le coauteur d'un article publié en 2009 dans lequel il utilise les membres du mouvement pour la vérité sur le 11 septembre et d'autres personnes comme exemples de personnes souffrant d'"épistémologies paralysantes", pour la confiance du public et le système politique. Il écrit que "[c]es théories ne font pas que saper le débat démocratique [...] Dans les cas extrêmes, elles créent ou alimentent la violence. Si le gouvernement peut dissiper de telles théories, il doit le faire."

En juin 2011, le Royal Institute of British Architects (RIBA) a été critiqué pour avoir accueilli une conférence de Richard Gage, président d'Architects & Engineers for 9/11 Truth. Rick Bell, le directeur de la section new-yorkaise de l'American Institute of Architects (AIA), qui a été témoin des attentats du 11 septembre, a déclaré qu'"aucune somme d'argent" ne le persuaderait d'autoriser le groupe à s'exprimer dans son siège et a affirmé que Gage manquait de crédibilité au sein de la communauté professionnelle. Eugine Kohn, ancienne porte-parole de l'AIA, a déclaré que les théories de Gage étaient "ridicules", qu'"il n'y avait pas d'explosifs placés" et que "les bâtiments ont été définitivement abattus par les avions". La décision d'organiser cet événement a également été critiquée par l'ancien président du RIBA et le président fondateur de la section britannique de l'AIA. Gage a été mis en garde par l'AIA contre le fait de donner une fausse impression qu'il a une relation avec elle. Un article paru en juillet 2012 dans le magazine de l'AIA reprochait à Gage de continuer à laisser entendre qu'il avait une association avec l'organisation, et affirmait qu'il n'y avait pas d'architectes lors d'une projection d'Architects and Engineers for 9/11 Truth organisée dans une salle de réunion de l'AIA. Le RIBA a publié une déclaration disant que la perception qu'il approuve les événements organisés dans ses bâtiments est "regrettable", et a déclaré qu'il allait revoir sa politique sur la "location privée" de ses bâtiments. Anthony Summers et Robbyn Swan font une critique cinglante de bon nombre des théories susmentionnées dans The Eleventh Day, leur enquête de 2011 sur les attentats.

Le représentant américain Peter T. King, président de la commission de la sécurité intérieure de la Chambre des représentants, a déclaré que les théoriciens de la conspiration du 11 septembre "banalisent" l'"événement le plus tragique à avoir touché les États-Unis" et que "les personnes qui font ces affirmations sont honteuses et devraient avoir honte d'elles-mêmes".

Les animateurs de "The Skeptics' Guide to the Universe" (le "SGU") ont parlé à plusieurs reprises de "l'absurdité des théories de la conspiration du 11 septembre". En plus de critiquer ces théories en utilisant les mêmes arguments ou des arguments similaires à ceux mentionnés ci-dessus, les animateurs du "SGU" affirment que, comme la plupart des théories du complot, celle-ci s'effondre sous son propre poids et se contredit elle-même. Pour que les théories de la conspiration du 11 septembre soient correctes, il faudrait non seulement que le gouvernement américain orchestre l'opération sous faux drapeau revendiquée concernant les avions qui se sont écrasés sur le World Trade Center, mais aussi qu'il orchestre une démolition contrôlée superflue et qu'il couvre ses traces de manière si parfaite qu'il devient impossible pour les physiciens de la distinguer de "l'histoire officielle", mais que le plan soit suffisamment défectueux pour que "les perdants dans le sous-sol de leur mère" découvrent la conspiration.

En politique

L'ancien chef du Parti libéral du Canada, Stéphane Dion, a forcé une candidate de Winnipeg, Lesley Hughes, à mettre fin à sa campagne après que des écrits antérieurs de Hughes aient fait surface, dans lesquels Hughes écrivait que les responsables des services de renseignement américains, allemands, russes et israéliens étaient au courant des attaques du 11 septembre à l'avance. Peter Kent, rédacteur en chef adjoint de Global Television Network News et candidat du Parti conservateur aux élections canadiennes de 2008, avait déjà demandé la démission de Hughes, affirmant que le mouvement pour la vérité sur le 11 septembre était "l'un des mouvements marginaux d'incitation à la haine les plus notoires du Canada", composé de "théoriciens du complot connus pour leurs opinions antisémites". Le 16 juin 2009, Mme Hughes a intenté un procès à M. Kent, au Congrès juif canadien, au B'nai B'rith du Canada et à quatre membres principaux de ces deux organisations, alléguant que les allégations antisémites étaient fausses et diffamatoires et qu'elles avaient ruiné sa carrière. Plus tard, un autre candidat du Parti conservateur a demandé au chef du Nouveau Parti démocratique de renvoyer une candidate pour ses opinions en faveur de la vérité sur le 11 septembre. Zijad Delic, chef du Congrès islamique canadien, la plus grande organisation de défense des musulmans au Canada, tente d'écarter de son conseil d'administration les théoriciens de la conspiration du 11 septembre, dans un effort qu'il décrit comme une purification interne et une canadianisation totale de l'organisation.

En 2008, les appels à la démission de Richard Falk, le rapporteur spécial des Nations unies sur les droits de l'homme dans les territoires palestiniens, étaient en partie fondés sur son soutien à l'enquête sur la validité des théories du complot du 11 septembre. En 2011, Falk a fait l'éloge d'un livre de David Ray Griffin. Falk a été condamné pour ses remarques par le secrétaire général des Nations unies Ban Ki-moon et l'ambassadrice des États-Unis auprès des Nations unies Susan Rice.

En février 2009, Aymeric Chauprade, professeur de géopolitique à l'école militaire du CID à Paris, a été licencié par le ministre français de la défense Hervé Morin pour avoir écrit un livre intitulé *Chronique du choc des civilisations*, qui épousait les théories du complot du 11 septembre.

En septembre 2009, Van Jones, conseiller du président américain Barack Obama, a démissionné après que sa signature d'une pétition de 2004 demandant une enquête pour savoir si les responsables gouvernementaux ont délibérément laissé se produire les attentats du 11 septembre 2001 et d'autres déclarations controversées ont été mises en lumière, suscitant des critiques. Van Jones a déclaré qu'il était victime d'une campagne de diffamation, ajoutant qu'il n'adhère pas actuellement, et n'a jamais adhéré, à cette théorie.

Le mouvement pour la vérité sur le 11 septembre est devenu un enjeu de la primaire républicaine du gouverneur du Texas en 2010 lorsque la candidate Debra Medina a répondu à une question de Glenn Beck sur l'implication du gouvernement américain dans les attentats du 11 septembre : "Je pense que de très bonnes questions ont été soulevées à cet égard, il y a de très bons arguments, et je pense que le peuple américain n'a pas vu toutes les preuves là-bas, donc je n'ai pas pris position à ce sujet." Après avoir été critiqué pour ces remarques par les candidats adverses, Medina a déclaré qu'elle n'a jamais été membre du mouvement pour la vérité sur le 11 septembre et qu'elle croit que les tours jumelles ont été attaquées par des terroristes musulmans.

Le 23 septembre 2010, le président iranien Mahmoud Ahmadinejad a déclaré dans un discours aux Nations unies que " la majorité du peuple américain, ainsi que d'autres nations et politiciens, croient [...] que certains segments au sein du gouvernement américain ont orchestré l'attaque pour inverser le déclin de l'économie américaine et son emprise sur le Moyen-Orient afin de sauver le régime sioniste ", et que " la majorité du peuple américain ainsi que la plupart des nations et des politiciens dans le monde sont d'accord avec cette opinion ". Ces remarques ont incité la délégation américaine ainsi que d'autres personnes à quitter la salle. Le lendemain, le président américain Barack Obama a critiqué les propos d'Ahmadinejad devant l'Assemblée générale des Nations unies, déclarant que "faire une telle déclaration était inexcusable" et qualifiant ces propos d'"offensants" et de "haineux". Auparavant, M. Ahmadinejad avait qualifié les attentats du 11 septembre d'"événement suspect" et suggéré que l'administration Bush était impliquée dans ces attentats. Le président iranien a réitéré ses affirmations en 2011 lors d'une autre apparition à l'ONU et a ensuite été critiqué dans un article paru dans le magazine d'Al-Qaïda, Inspire. L'article affirmait qu'Ahmadinejad était jaloux d'Al-Qaïda parce que l'organisation terroriste islamique apatride et sous le feu des critiques avait fait le 11 septembre ce que l'Iran ne pouvait pas faire.

En 2012, le président égyptien Mohamed Morsi a demandé la tenue d'une conférence scientifique pour examiner les événements du 11 septembre et a émis l'hypothèse que les attaques étaient le fait d'une personne de l'intérieur. Selon un sondage international réalisé la même année, d'énormes majorités dans les pays musulmans préfèrent croire les théories du complot sans fondement plutôt que d'écouter les faits principaux de ce qui s'est passé le 11 septembre 2001 à New York et à Washington. Bien qu'Al-Qaïda se vante occasionnellement de son "exploit", 75 % des citoyens égyptiens, par exemple, nient toujours que les Arabes ont perpétré les attentats, comme l'a rapporté une étude Pew en juillet 2011.

Affaires juridiques

April Gallop, spécialiste de l'armée, a intenté une action en justice en affirmant que le vice-président Dick Cheney, le secrétaire à la défense Donald Rumsfeld et d'autres responsables de l'administration Bush avaient orchestré les attentats du 11 septembre 2001 et que le Pentagone avait été frappé par une attaque ordonnée par Cheney. La plainte a été rejetée en 2010 par le juge Denny Chin, qui a déclaré que la plainte était "le produit d'un délire et d'une fantaisie cyniques". Ses avocats ont fait appel auprès de la Cour d'appel des États-Unis qui, en avril 2010, a émis une ordonnance de justification des raisons pour lesquelles les avocats et Gallop ne devraient pas être sanctionnés pour avoir déposé un procès frivole. Ses avocats ont demandé que les juges de la Cour d'appel se récusent parce que leurs émotions leur faisaient préjuger de l'affaire et abuser de leur pouvoir. Le 14 octobre 2011, les juges ont sanctionné ses avocats à hauteur de 15 000 dollars chacun, tant pour les procès frivoles que pour les accusations de préjugés. Gallop n'a pas été sanctionnée en raison de sa méconnaissance de la loi.

Les théories du complot sur YouTube

Modération et contenu offensif

YouTube dispose d'un ensemble de directives communautaires visant à réduire les abus des fonctionnalités du site. Le téléchargement de vidéos contenant de la diffamation, de la pornographie et du matériel encourageant les comportements criminels est interdit par les "Directives communautaires" de YouTube. Les contenus généralement interdits comprennent les contenus sexuellement explicites, les vidéos de maltraitance animale, les vidéos chocs, les contenus téléchargés sans l'accord du détenteur des droits d'auteur, les discours de haine, les spams et les comportements prédateurs. YouTube compte sur ses utilisateurs pour signaler le contenu des vidéos comme étant inapproprié, et un employé de YouTube examinera une vidéo signalée pour déterminer si elle viole les directives du site. Malgré ces directives, YouTube a fait l'objet de critiques sur certains aspects de ses activités, ses algorithmes de recommandation perpétuant des vidéos qui font la promotion de théories du complot et de faussetés, l'hébergement de vidéos ciblant ostensiblement les enfants mais contenant des contenus violents ou sexuellement suggestifs impliquant des personnages populaires, des vidéos de mineurs attirant des activités pédophiles dans leurs sections de commentaires, et des politiques fluctuantes sur les types de contenus pouvant être monétisés par la publicité.

YouTube passe des contrats avec des entreprises pour qu'elles embauchent des modérateurs de contenu, qui visionnent les contenus signalés comme pouvant violer les politiques de contenu de YouTube et déterminent s'ils doivent être supprimés. En septembre 2020, une action collective a été intentée par une ancienne modératrice de contenu qui a déclaré avoir développé un trouble de stress post-traumatique (TSPT) après 18 mois de travail. L'ancienne modératrice de contenu a déclaré qu'on lui faisait régulièrement dépasser la limite annoncée par YouTube de quatre heures par jour de visionnage de contenu graphique. L'action en justice allègue que les sous-traitants de YouTube n'offraient que peu ou pas de formation ou de soutien pour la santé mentale de leurs modérateurs, qu'ils faisaient signer aux futurs employés des accords de non-divulgation avant de leur montrer des exemples de contenu qu'ils verraient pendant la révision et qu'ils censuraient toute mention de traumatisme dans leurs forums internes. Elle prétend également que les demandes de flou, de réduction de la taille ou de monochromie de contenus extrêmement graphiques, conformément aux recommandations du National Center for Missing and Exploited Children, ont été rejetées par YouTube car elles ne constituaient pas une priorité pour l'entreprise.

Afin de limiter la diffusion de fausses informations et de fake news via YouTube, elle a mis en place une politique globale concernant la manière dont elle entend traiter les vidéos techniquement manipulées.

Parmi les contenus controversés, on trouve des documents relatifs à la négation de l'Holocauste et à la catastrophe de Hillsborough, au cours de laquelle 96 supporters de football de Liverpool ont été écrasés à mort en 1989. En juillet 2008, la commission de la culture et des médias de la Chambre des communes du Royaume-Uni a déclaré qu'elle n'était "pas impressionnée" par le système de contrôle des vidéos de YouTube et a fait valoir que "l'examen proactif du contenu devrait être une pratique standard pour les sites hébergeant du contenu généré par les utilisateurs". YouTube a répondu en déclarant :

Nous avons des règles strictes sur ce qui est autorisé et un système qui permet à toute personne qui voit un contenu inapproprié de le signaler à notre équipe de révision, disponible 24 heures sur 24 et 7 jours sur 7, afin qu'il soit traité rapidement. Nous informons notre communauté de ces règles et incluons un lien direct depuis chaque page YouTube afin de rendre ce processus aussi simple que possible pour nos utilisateurs. Étant donné le volume de contenu téléchargé sur notre site, nous pensons que c'est de loin le moyen le plus efficace de s'assurer que l'infime minorité de vidéos qui enfreignent les règles soient rapidement retirées. (Juillet 2008)

En octobre 2010, Anthony Weiner, membre du Congrès américain, a exhorté YouTube à retirer de son site les vidéos de l'imam Anwar al-Awlaki. YouTube a retiré certaines de ces vidéos en novembre 2010, affirmant qu'elles violaient les directives du site. En décembre 2010, YouTube a ajouté la possibilité de signaler les vidéos contenant du contenu terroriste.

En 2018, YouTube a introduit un système qui ajoutait automatiquement des boîtes d'information aux vidéos qui, selon ses algorithmes, pouvaient présenter des théories du complot et d'autres fake news, en remplissant la boîte d'information avec du contenu de l'Encyclopædia Britannica et de Wikipédia comme moyen d'informer les utilisateurs pour minimiser la propagation de la désinformation sans avoir d'impact sur la liberté d'expression. À la suite de l'incendie de Notre-Dame de Paris le 15 avril 2019, plusieurs vidéos téléchargées par les utilisateurs sur l'incendie emblématique ont été marquées par le système de YouTube automatiquement avec un article de l'Encyclopædia Britannica sur les fausses théories du complot autour des attentats du 11 septembre. Plusieurs utilisateurs se sont plaints à YouTube de ce lien inapproprié. Les responsables de YouTube ont présenté leurs excuses, déclarant que leurs algorithmes avaient mal identifié les vidéos d'incendie et ajouté automatiquement le bloc d'informations, et qu'ils prenaient des mesures pour y remédier.

Cinq grands créateurs de contenu dont les chaînes étaient basées sur des documents LGBTQ+ ont déposé une plainte fédérale contre YouTube en août 2019, alléguant que les algorithmes de YouTube détournent les découvertes de leurs chaînes, ce qui a un impact sur leurs revenus. Les plaignants ont affirmé que les algorithmes découragent les contenus comportant des mots comme "lesbienne" ou "gay", qui seraient prédominants dans le contenu de leurs chaînes, et qu'en raison de la quasi-monopolisation des services de vidéo en ligne par YouTube, ils abusent de cette position.

YouTube, un outil pour promouvoir les théories du complot et les contenus d'extrême droite

YouTube a été critiqué pour l'utilisation d'un algorithme qui accorde une grande importance aux vidéos faisant la promotion de théories du complot, de faussetés et de discours marginaux incendiaires. Selon une enquête du *Wall Street Journal*, "les recommandations de YouTube conduisent souvent les utilisateurs vers des chaînes qui présentent des théories du complot, des points de vue partisans et des vidéos trompeuses, même lorsque ces utilisateurs n'ont pas manifesté d'intérêt pour ces contenus. Lorsque les utilisateurs montrent un parti pris politique dans ce qu'ils choisissent de regarder, YouTube recommande généralement des vidéos qui font écho à ce parti pris, souvent avec des points de vue plus extrêmes." Lorsque les utilisateurs recherchent des termes politiques ou scientifiques, les algorithmes de recherche de YouTube donnent souvent la priorité aux canulars et aux théories du complot. Après que YouTube a suscité la controverse pour avoir donné la priorité aux vidéos faisant la promotion de faussetés et de conspirations lorsque les gens faisaient des requêtes sur les nouvelles de dernière heure pendant la fusillade de Las Vegas en 2017, YouTube a modifié son algorithme pour donner une plus grande importance aux sources médiatiques grand public. En 2018, il a été signalé que YouTube favorisait à nouveau les contenus marginaux sur les breaking news, en donnant une grande importance aux vidéos conspirationnistes sur la mort d'Anthony Bourdain.

En 2017, il a été révélé que des publicités étaient placées sur des vidéos extrémistes, notamment des vidéos d'apologistes du viol, d'antisémites et de prédicateurs de la haine qui recevaient des paiements publicitaires. Après que des entreprises ont commencé à cesser de faire de la publicité sur YouTube à la suite de ces révélations, YouTube s'est excusé et a déclaré qu'il donnerait aux entreprises un plus grand contrôle sur l'emplacement des publicités.

Alex Jones, connu pour ses théories conspirationnistes d'extrême droite, avait construit une audience massive sur YouTube. YouTube s'est attiré des critiques en 2018 lorsqu'il a supprimé une vidéo de Media Matters compilant des déclarations offensantes faites par Jones, déclarant qu'elle violait ses politiques en matière de "harcèlement et d'intimidation". Le 6 août 2018, YouTube a toutefois supprimé la page YouTube d'Alex Jones à la suite d'une violation de contenu.

Zeynep Tufekci, professeur à l'université de Caroline du Nord, a qualifié YouTube de "grand radicalisateur", déclarant que "YouTube pourrait être l'un des instruments de radicalisation les plus puissants du 21e siècle." Jonathan Albright, du Tow Center for Digital Journalism de l'université Columbia, a décrit YouTube comme un "écosystème de conspiration".

En janvier 2019, YouTube a déclaré avoir mis en place une nouvelle politique à partir des États-Unis destinée à ne plus recommander de vidéos contenant "du contenu susceptible de désinformer les utilisateurs de manière préjudiciable." YouTube a donné comme exemples les théories de la terre plate, les remèdes miracles et le truthérisme du 11 septembre. Les efforts au sein de l'ingénierie de YouTube pour cesser de recommander des vidéos extrémistes limites tombant juste à côté des discours de haine interdits, et suivre leur popularité ont été initialement rejetés parce qu'ils pourraient interférer avec l'engagement des téléspectateurs. Fin 2019, le site a commencé à mettre en œuvre des mesures visant à "augmenter le contenu faisant autorité et à réduire le contenu limite et la désinformation nuisible."

Dans une étude de juillet 2019 basée sur dix recherches YouTube utilisant le navigateur Tor liées au climat et au changement climatique, la majorité des vidéos étaient des vidéos qui communiquaient des points de vue contraires au consensus scientifique sur le changement climatique.

Une enquête menée par la BBC en 2019 sur les recherches effectuées sur YouTube dans dix langues différentes a révélé que l'algorithme de YouTube favorisait la désinformation en matière de santé, notamment les faux traitements contre le cancer. Au Brésil, YouTube a été associé à la diffusion de fausses informations pseudo-scientifiques sur des questions de santé, ainsi qu'à la promotion de discours d'extrême droite et de théories du complot.

Aux Philippines, il a été prouvé que de nombreuses chaînes telles que "Showbiz Fanaticz", "Robin Sweet Showbiz" et "PH BREAKING NEWS", comptant chacune au moins 100 000 abonnés, diffusaient des informations erronées sur des personnalités politiques en vue des élections philippines de 2022.

Utilisation chez les suprémacistes blancs

Avant 2019, YouTube a pris des mesures pour supprimer des vidéos ou des chaînes spécifiques liées à des contenus suprémacistes qui avaient violé ses politiques d'utilisation acceptables, mais qui, par ailleurs, n'avaient pas de politiques à l'échelle du site contre les discours haineux.

À la suite des attentats de mars 2019 dans la mosquée de Christchurch, YouTube et d'autres sites comme Facebook et Twitter qui autorisaient les contenus soumis par les utilisateurs ont suscité des critiques pour n'avoir pas fait grand-chose pour modérer et contrôler la diffusion des discours de haine, considérés comme un facteur de justification des attentats. Ces plateformes ont fait l'objet de pressions pour supprimer ces contenus, mais dans une interview accordée au *New York Times*, Neal Mohan, chef de produit de YouTube, a déclaré que, contrairement à des contenus tels que les vidéos d'ISIS qui adoptent un format particulier et sont donc faciles à détecter grâce à des algorithmes assistés par ordinateur, les discours de haine en général étaient plus difficiles à reconnaître et à traiter, et qu'il était donc impossible de prendre des mesures pour les supprimer sans interaction humaine.

En mai 2019, YouTube s'est joint à une initiative menée par la France et la Nouvelle-Zélande avec d'autres pays et des entreprises technologiques afin de développer des outils à utiliser pour bloquer les discours de haine en ligne et d'élaborer des réglementations, à mettre en œuvre au niveau national, à imposer aux entreprises technologiques qui ne prennent pas de mesures pour supprimer ces discours, bien que les États-Unis aient refusé de participer. Par la suite, le 5 juin 2019, YouTube a annoncé un changement majeur de ses conditions de service, "interdisant spécifiquement les vidéos alléguant qu'un groupe est supérieur afin de justifier la discrimination, la ségrégation ou l'exclusion fondée sur des qualités comme l'âge, le sexe, la race, la caste, la religion, l'orientation sexuelle ou le statut d'ancien combattant." YouTube a identifié des exemples spécifiques de telles vidéos comme celles qui "promeuvent ou glorifient l'idéologie nazie, qui est intrinsèquement discriminatoire". YouTube a également déclaré qu'il "supprimerait les contenus niant la réalité d'événements violents bien documentés, comme l'Holocauste ou la fusillade à l'école primaire de Sandy Hook."

En juin 2020, YouTube a interdit plusieurs chaînes associées à la suprématie blanche, notamment celles de Stefan Molyneux, David Duke et Richard B. Spencer, affirmant que ces chaînes violaient leur politique en matière de discours haineux. Cette interdiction a eu lieu le même jour que l'annonce par Reddit de l'interdiction de plusieurs sous-forums sur les discours de haine, dont r/The_Donald.

Traitement de la pandémie de COVID-19 et autres désinformations

À la suite de la diffusion via YouTube d'informations erronées liées à la pandémie COVID-19 selon lesquelles la technologie de communication 5G était responsable de la propagation du coronavirus 2019, ce qui a conduit à l'attaque de plusieurs tours 5G au Royaume-Uni par des pyromanes, YouTube a supprimé toutes les vidéos de ce type établissant un lien entre la 5G et le coronavirus de cette manière.

YouTube a étendu cette politique en septembre 2021 pour couvrir les vidéos diffusant des informations erronées liées à tout vaccin, y compris ceux approuvés depuis longtemps contre la rougeole ou l'hépatite B, ayant reçu l'approbation des autorités sanitaires locales ou de l'Organisation mondiale de la santé. La plateforme a supprimé les comptes de militants anti-vaccins tels que Robert F. Kennedy Jr. et Joseph Mercola à cette occasion. Deux comptes liés à RT Deutsch, la chaîne allemande du réseau russe RT, ont également été supprimés pour avoir enfreint la politique de YouTube.

Google et YouTube ont mis en œuvre des politiques en octobre 2021 pour refuser la monétisation ou les revenus aux annonceurs ou aux créateurs de contenu qui font la promotion du déni du changement climatique, ce qui "inclut le contenu faisant référence au changement climatique comme un canular ou une escroquerie, les affirmations niant que les tendances à long terme montrent que le climat mondial se réchauffe, et les affirmations niant que les émissions de gaz à effet de serre ou les activités humaines contribuent au changement climatique."

Sécurité et bien-être des enfants

L'année 2017 a été marquée par une augmentation significative du nombre de vidéos liées aux enfants, couplée à la popularité des parents qui vloguent les activités de leur famille et aux créateurs de contenus antérieurs qui ont délaissé des contenus souvent critiqués ou démonétisés pour se tourner vers des contenus adaptés aux familles. En 2017, YouTube a indiqué que le temps passé à regarder des vloggers familiaux avait augmenté de 90 %. Cependant, avec l'augmentation des vidéos mettant en scène des enfants, le site a commencé à faire face à plusieurs controverses liées à la sécurité des enfants. Au cours du deuxième trimestre 2017, les propriétaires de la chaîne populaire FamilyOFive, qui se mettaient en scène en train de faire des "farces" à leurs enfants, ont été accusés d'abus sur les enfants. Leurs vidéos ont finalement été supprimées, et deux de leurs enfants ont été retirés de leur garde. Un cas similaire s'est produit en 2019 lorsque les propriétaires de la chaîne Fantastic Adventures ont été accusés d'avoir abusé de ses enfants adoptés. Ses vidéos auraient par la suite été supprimées.

Plus tard dans l'année, YouTube a été critiqué pour avoir diffusé des vidéos inappropriées destinées aux enfants et mettant souvent en scène des personnages populaires dans des situations violentes, sexuelles ou autrement dérangeantes, dont beaucoup sont apparues sur YouTube Kids et ont attiré des millions de vues. Le terme "Elsagate" a été inventé sur Internet, puis utilisé par divers organes de presse pour faire référence à cette controverse. Le 11 novembre 2017, YouTube a annoncé qu'il renforçait la sécurité du site afin de protéger les enfants des contenus inappropriés. Plus tard dans le mois, l'entreprise a commencé à supprimer en masse des vidéos et des chaînes qui faisaient un usage inapproprié de personnages adaptés à la famille. Dans le cadre d'une préoccupation plus large concernant la sécurité des enfants sur YouTube, la vague de suppressions a également visé les chaînes qui montraient des enfants prenant part à des activités inappropriées ou dangereuses sous la direction d'adultes. La société a notamment supprimé *Toy Freaks*, une chaîne comptant plus de 8,5 millions d'abonnés, qui mettait en scène un père et ses deux filles dans des situations étranges et bouleversantes. Selon le spécialiste de l'analyse SocialBlade, cette chaîne rapportait jusqu'à 8,7 millions de livres sterling par an avant sa suppression.

Même pour les contenus qui semblent être destinés aux enfants et qui semblent ne contenir que des contenus adaptés aux enfants, le système de YouTube permet l'anonymat de ceux qui téléchargent ces vidéos. Ces questions ont été soulevées dans le passé, car YouTube a dû supprimer des chaînes à contenu enfantin qui, après être devenues populaires, ont soudainement inclus du contenu inapproprié masqué en tant que contenu enfantin. Par ailleurs, certains des programmes pour enfants les plus regardés sur YouTube proviennent de chaînes dont les propriétaires ne sont pas identifiables, ce qui soulève des questions quant à l'intention et à la finalité. Une chaîne qui a suscité des inquiétudes est "Cocomelon", qui fournit de nombreuses vidéos animées produites en masse et destinées aux enfants. Jusqu'en 2019, elle avait attiré jusqu'à 10 millions de dollars américains par mois en recettes publicitaires et était l'une des plus grandes chaînes destinées aux enfants sur YouTube avant 2020. La propriété de Cocomelon n'était pas claire en dehors de ses liens avec "Treasure Studio", lui-même une entité inconnue, ce qui soulève des questions quant à l'objectif de la chaîne, mais *Bloomberg News* avait pu confirmer et interviewer la petite équipe de propriétaires américains en février 2020 concernant "Cocomelon", qui ont déclaré que leur objectif pour la chaîne était simplement de divertir les enfants, souhaitant rester entre eux pour éviter l'attention des investisseurs extérieurs. L'anonymat de ces chaînes suscite des inquiétudes, car on ne sait pas à quoi elles servent. La difficulté d'identifier l'opérateur de ces chaînes "ajoute au manque de responsabilité", selon Josh Golin de la Campaign for a Commercial-Free Childhood, et la consultante en éducation Renée Chernow-O'Leary a constaté que les vidéos étaient conçues pour divertir sans intention d'éduquer, ce qui a conduit les critiques et les parents à s'inquiéter de voir leurs enfants trop captivés par le contenu de ces chaînes. Les créateurs de contenu qui réalisent avec sérieux des vidéos destinées aux enfants ont eu du mal à concurrencer les grandes chaînes comme ChuChu TV, car ils n'ont pas pu produire du contenu au même rythme que ces grandes chaînes et n'ont pas les mêmes moyens d'être promus par les algorithmes de recommandation de YouTube que les grands réseaux de chaînes animées.

En janvier 2019, YouTube a officiellement interdit les vidéos contenant des "défis qui encouragent des actes présentant un risque inhérent de dommages physiques graves" (comme, par exemple, le Tide Pod Challenge) et les vidéos présentant des farces qui "font croire aux victimes qu'elles sont en danger physique" ou provoquent une détresse émotionnelle chez les enfants.

Sexualisation des enfants et pédophilie

Toujours en novembre 2017, il a été révélé dans les médias que de nombreuses vidéos mettant en scène des enfants - souvent téléchargées par les mineurs eux-mêmes et montrant des contenus innocents tels que les enfants jouant avec des jouets ou faisant de la gymnastique - attiraient des commentaires de pédophiles, les prédateurs trouvant les vidéos par le biais de listes de lecture YouTube privées ou en tapant certains mots-clés en russe. D'autres vidéos centrées sur les enfants, initialement téléchargées sur YouTube, ont commencé à se propager sur le dark web et à être téléchargées ou intégrées à des forums connus pour être utilisés par des pédophiles.

À la suite de cette controverse, qui a ajouté à l'inquiétude suscitée par l'"'Elsagate", plusieurs grands annonceurs dont les publicités avaient été diffusées contre de telles vidéos ont gelé leurs dépenses sur YouTube. En décembre 2018, le *Times a* découvert plus de 100 cas de grooming dans lesquels des enfants ont été manipulés par des inconnus pour adopter un comportement sexuellement implicite (comme enlever des vêtements, adopter des poses ouvertement sexuelles et toucher d'autres enfants de manière inappropriée). Après qu'un journaliste a signalé les vidéos en question, la moitié d'entre elles ont été retirées, et les autres l'ont été après que le *Times* a contacté le service des relations publiques de YouTube.

En février 2019, le vlogueur YouTube Matt Watson a identifié un "trou de ver" qui amènerait l'algorithme de recommandation de YouTube à attirer les utilisateurs vers ce type de contenu vidéo, et à faire en sorte que tout le contenu recommandé de cet utilisateur ne comporte que ce type de vidéos. La plupart de ces vidéos comportaient des commentaires de prédateurs sexuels, avec des horodatages indiquant le moment où les enfants étaient montrés dans des positions compromettantes ou tenant d'autres propos indécents. Dans certains cas, d'autres utilisateurs avaient retéléchargé la vidéo sous une forme non répertoriée mais avec des liens entrants provenant d'autres vidéos, puis les avaient monétisées, propageant ainsi ce réseau. À la suite de cette controverse, le service a déclaré avoir supprimé plus de 400 chaînes et des dizaines de millions de commentaires, et avoir signalé les utilisateurs incriminés aux forces de l'ordre et au National Center for Missing and Exploited Children. Un porte-parole a expliqué que "tout contenu - y compris les commentaires - qui met en danger les mineurs est odieux et nous avons des politiques claires interdisant cela sur YouTube. Il y a plus à faire, et nous continuons à travailler pour améliorer et attraper les abus plus rapidement." Malgré ces mesures, AT&T, Disney, Dr. Oetker, Epic Games et Nestlé ont tous retiré leurs publicités de YouTube.

Par la suite, YouTube a commencé à démonétiser et à bloquer la publicité sur les types de vidéos qui ont suscité ces commentaires prédateurs. Le service a expliqué qu'il s'agissait d'une mesure temporaire pendant qu'il explorait d'autres méthodes pour éliminer le problème. YouTube a également commencé à signaler les chaînes qui présentent principalement des enfants et à désactiver de manière préventive leurs sections de commentaires. Les "partenaires de confiance" peuvent demander que les commentaires soient réactivés, mais la chaîne devient alors responsable de la modération des commentaires. Ces actions visent principalement les vidéos de tout-petits, mais les vidéos d'enfants plus âgés et d'adolescents peuvent également être protégées si elles contiennent des actions pouvant être interprétées comme sexuelles, comme la gymnastique. YouTube a déclaré qu'il travaillait également sur un meilleur système pour supprimer les commentaires sur d'autres chaînes qui correspondent au style des prédateurs d'enfants.

Une tentative connexe de signaler de manière algorithmique les vidéos contenant des références à la chaîne "CP" (abréviation de pédopornographie) a donné lieu à des faux positifs importants impliquant des sujets sans rapport avec la même abréviation, notamment des vidéos liées au jeu vidéo mobile *Pokémon Go* (qui utilise "CP" comme abréviation de la statistique "Combat Power") et *Club Penguin*. YouTube a présenté ses excuses pour ces erreurs et a rétabli les vidéos concernées. Séparément, des trolls en ligne ont tenté de faire signaler des vidéos pour qu'elles soient retirées ou supprimées en commentant avec des déclarations similaires à celles des prédateurs d'enfants ; cette activité est devenue un problème pendant la rivalité entre PewDiePie et T-Series au début de 2019. YouTube a déclaré qu'il ne prenait pas de mesures à l'égard des vidéos comportant ces commentaires, mais de celles qu'il a signalées et qui sont susceptibles d'attirer des prédateurs d'enfants.

En juin 2019, le *New York Times a* cité des chercheurs qui ont constaté que les utilisateurs qui regardaient des vidéos érotiques pouvaient se voir recommander des vidéos d'enfants apparemment inoffensives. En conséquence, le sénateur Josh Hawley a déclaré qu'il prévoyait de présenter une loi fédérale qui interdirait à YouTube et à d'autres sites de partage de vidéos d'inclure des vidéos mettant principalement en scène des mineurs comme vidéos "recommandées", à l'exclusion de celles qui ont été "produites professionnellement", telles que les vidéos de concours de talents télévisés. YouTube a suggéré des plans potentiels pour retirer toutes les vidéos mettant en scène des enfants du site principal de YouTube et les transférer sur le site YouTube Kids, où ils auraient un contrôle plus fort sur le système de recommandation, ainsi que d'autres changements majeurs sur le site principal de YouTube concernant la fonction de recommandation et le système de lecture automatique.

CPSIA information can be obtained
at www.ICGtesting.com
Printed in the USA
BVHW030040220722
642761BV00010B/1154